"互联网＋"新形态教材

实用汉语口语

熊　英　主　编
鞠玮玉　副主编
朱文达　参　编

电子工业出版社
Publishing House of Electronics Industry
北京·BEIJING

内 容 简 介

依托中国当今社会普遍话题，本书共设 6 个单元（24 课），每课针对来华留学生不同的学习生活场景展开对话，具体场景包括抵达中国、校园生活、课程学习、购物、旅行及中国传统文化体验等。本书内容丰富详细、贴近外国留学生现实生活，使留学生在学习汉语知识的同时了解汉语语言文化背景。

本书既可作为来华学历留学生教材使用，也可供来华短期交换生、来华留学预科生及海外分校、孔子学院等对中国文化感兴趣的外国读者们学习参考。

未经许可，不得以任何方式复制或抄袭本书之部分或全部内容。
版权所有，侵权必究。

图书在版编目(CIP)数据

实用汉语口语：汉英对照/熊英主编. —北京：电子工业出版社，2021.5
ISBN 978-7-121-40983-7

Ⅰ．①实⋯ Ⅱ．①熊⋯ Ⅲ．①汉语－口语－对外汉语教学－教材 Ⅳ．①H195.4

中国版本图书馆 CIP 数据核字（2021）第 068381 号

责任编辑：贾瑞敏
印　　刷：三河市鑫金马印装有限公司
装　　订：三河市鑫金马印装有限公司
出版发行：电子工业出版社
　　　　　北京市海淀区万寿路 173 信箱　邮编 100036
开　　本：787×1 092　1/16　印张：14.5　字数：362 千字
版　　次：2021 年 5 月第 1 版
印　　次：2021 年 5 月第 1 次印刷
定　　价：49.00 元

凡所购买电子工业出版社图书有缺损问题，请向购买书店调换。若书店售缺，请与本社发行部联系，联系及邮购电话：(010)88254888，88258888。

质量投诉请发邮件至 zlts@phei.com.cn，盗版侵权举报请发邮件至 dbqq@phei.com.cn。
本书咨询联系方式：(010)88254019，jrm@phei.com.cn。

前 言

为方便广大来华留学生快速适应中国高校学习生活，融入跨文化语言学习氛围，依据多年来华留学生口语教学实践，以培养留学生汉语口语交际能力为目的，无锡职业技术学院组织编写了《实用汉语口语》一书。本书围绕留学生在中国学习生活中普遍感兴趣的话题，依据不同的学习生活场景分章节展开，采用双语编写，内容及难度依据语言学习规律循序渐进，语言教学搭配口语实践交叉进行，实用性强、适用面广，是针对汉语非母语的来华留学生等的汉语口语教材，适用于初学汉语的来华留学生。

本书共分为 6 个单元（24 课），涵盖 140 多个实用的语言点、400 多个常用生词和短语，以及用法举例、课后练习。大部分课文按场景设置 A、B 两个对话进行实践训练，并配有动画视频。鉴于口语的实践性，本书所配教辅中每两课增加一次专项口语训练，便于学习者拓展语言知识并反复运用。

本书内容丰富、时效性强、适用面广，内容取材于来华留学生在中国学习生活的场景，可满足来华留学生短期汉语口语速成要求。此外，本书配有音频及多媒体动画视频，使汉语学习内容生动、通俗易懂，相关教辅资料可登录华信教育资源网免费下载（www.hxedu.com.cn）。

本书由无锡职业技术学院熊英教授担任主编，鞠玮玉老师任副主编，朱文达老师任参编。如有疏漏之处，敬请批评指正。

编　者

目 录

第一单元　中国欢迎你 ·· 1
Unit 1　Welcome to China ·· 1
　第一课　到达机场 ·· 2
　Lesson 1　Arriving at the Airport ·· 2
　第二课　超市购物 ·· 10
　Lesson 2　Shopping in the Supermarket ··· 10
　第三课　使用微信 ·· 19
　Lesson 3　Using WeChat ·· 19
　第四课　买手机卡 ·· 27
　Lesson 4　Buying Cellphone SIM Card ··· 27

第二单元　美丽的校园 ··· 35
Unit 2　The Beautiful Campus ·· 35
　第五课　在汉语教室 ··· 36
　Lesson 5　In the Chinese Classroom ·· 36
　第六课　在食堂 ··· 44
　Lesson 6　In the School Canteen ·· 44
　第七课　在图书馆 ·· 52
　Lesson 7　In the Library ··· 52
　第八课　在操场 ··· 61
　Lesson 8　On the Playground ·· 61

第三单元　趣味汉语 ·· 69
Unit 3　Interesting Chinese ·· 69
　第九课　汉语的声调 ··· 70
　Lesson 9　Chinese Tones ·· 70
　第十课　汉字的意思 ··· 78
　Lesson 10　The Meaning of Chinese Characters ··· 78
　第十一课　谈日期 ·· 86
　Lesson 11　Talking about Dates ··· 86
　第十二课　谈天气 ·· 95

Ⅴ

| Lesson 12 | Talking about Weather | 95 |

第四单元　校外生活 … 103
Unit 4　Life outside the Campus … 103

第十三课　在理发店 … 104
Lesson 13　At the Barber's … 104

第十四课　在医院 … 112
Lesson 14　In the Hospital … 112

第十五课　在银行 … 120
Lesson 15　At the Bank … 120

第十六课　在朋友家 … 128
Lesson 16　At Friend's House … 128

第五单元　快乐的旅行 … 136
Unit 5　Happy Trip … 136

第十七课　坐飞机 … 137
Lesson 17　Taking the Airplane … 137

第十八课　预订酒店 … 146
Lesson 18　Booking a Hotel … 146

第十九课　游览北京 … 156
Lesson19　Visiting Beijing … 156

第二十课　游览上海 … 165
Lesson 20　Visiting Shanghai … 165

第六单元　传统节日 … 176
Unit 6　Traditional Festivals … 176

第二十一课　春节 … 177
Lesson 21　Spring Festival … 177

第二十二课　清明节 … 187
Lesson 22　Qingming Festival … 187

第二十三课　优美的旋律 … 197
Lesson 23　Beautiful Melody … 197

第二十四课　快乐的事 … 206
Lesson 24　Happy Things … 206

附录A　汉语拼音表 … 215
附录B　词汇与短语 … 216

第一单元　中国欢迎你

Unit 1　Welcome to China

第一单元　中国欢迎你

第一课　到达机场

Lesson 1　Arriving at the Airport

课前问题 Question before the Text

> zhè shì nǐ dì yī cì lái zhōng guó ma
> 这 是 你 第 一 次 来 中 国 吗？
> Is it your first time to China ?

> nǐ zhǔn bèi hǎo zài zhōng guó de xīn shēng huó le ma
> 你 准 备 好 在 中 国 的 新 生 活 了 吗？
> Are you ready for the new life in China ?

词汇与短语 Vocabulary and Phrase

xíng chéng
行 程 journey(n.)

mù dì
目 的 purpose(n.)

shén me
什 么 what(pron.)

xué xiào
学 校 school(n.)

nǎ lǐ
哪 里 where(adv.)

hěn
很 very(adv.)

gāo xìng
高 兴 happy(adj.)

rèn shí
认 识 know(v.)

dà bā chē
大 巴 车 bus(n.)

qù
去 go(v.)

gēn zhe
跟 着 follow(v.)

yě
也 too(adv.)

shì
是 be(v.)

jiù
就 as soon as(adv.)

zhù
住 live(v.)

hàn yǔ
汉 语 Chinese(n.)

huān yíng
欢 迎 welcome(v.)

lái
来 come(v.)

lǎo shī
老 师 teacher(n.)

jī chǎng
机 场 airport(n.)

qián miàn
前 面 ahead(adv.)

yàn guān
验 关 customs inspection

liú xué shēng
留 学 生 international student

nǐ hǎo
你 好！Hello!

第一单元　中国欢迎你

lǚ tú yú kuài
旅途愉快！Enjoy your trip!

常用表达 Expression

qǐng wèn nín xíng chéng de mù dì shì shén me 请问您行程的目的是什么？	What is the purpose of your trip?
nǐ de xué xiào zài nǎ lǐ 你的学校在哪里？	Where is your school?
nǐ shì liú xué shēng ma 你是留学生吗？	Are you an international student?
gēn zhe wǒ ba 跟着我吧！	Follow me please!
jiù zài qián miàn 就在前面。	Just ahead.
hěn gāo xìng rèn shí nǐ 很高兴认识你！	Nice to meet you!

对话A　Dialogue A

wài guó liú xué shēng jī chǎng rù guān
外国留学生机场入关

hǎi guān guān yuán 海关官员： qǐng wèn nín xíng chéng de mù dì shì shén me 请问您行程的目的是什么？	Customs Officer: Hello! What is the purpose of your trip?
wéi qí wǒ dào zhōng guó xué xí hàn yǔ 维奇：我到中国学习汉语。	Vujevic: I come to China for studying Chinese.
hǎi guān guān yuán　 nǐ zhù zài xué xiào ma 海关官员：你住在学校吗？	Customs Officer: Do you live in school?

第一课 到达机场

wéi qí shì de 维奇：是的。	Vujevic：Yes.
hǎi guān guān yuán nǐ de xué xiào zài nǎ lǐ 海关官员：你的学校在哪里？	Customs Officer：Where is your school?
wéi qí běi jīng 维奇：北京。	Vujevic：Beijing.
hǎi guān guān yuán huān yíng lái dào zhōng guó 海关官员：欢迎来到中国！	Customs Officer：Welcome to China！

对话B Dialogue B

wài guó liú xué shēng jī chǎng xiāng yù
外国留学生机场相遇

wéi qí nǐ hǎo qǐng wèn jī chǎng dà 维奇：你好！请问机场大 bā chē zài nǎ lǐ 巴车在哪里？	Vujevic：Excuse me, where is the airport shuttle bus?
mǎ lì jiù zài qián miàn gēn zhe wǒ 玛丽：就在前面。跟着我 ba 吧！	Mary：Just ahead. Follow me please！
wéi qí xiè xiè nǐ yě qù běi jīng ma 维奇：谢谢！你也去北京吗？	Vujevic：Thank you！Do you go to Bejing as well?
mǎ lì shì de nǐ shì liú xué shēng ma 玛丽：是的。你是留学生吗？	Mary：Yes. Are you an international student?
wéi qí shì de wǒ shì wéi qí wǒ lái 维奇：是的。我是维奇。我来 zì é luó sī hěn gāo xìng rèn shí nǐ 自俄罗斯。很高兴认识你！	Vujevic：Yes. I am Vujevic, and I come from Russia. Nice to meet you！
mǎ lì wǒ yě shì 玛丽：我也是。	Mary：Me, too.

第一单元　中国欢迎你

语言点 Language Point

1. 疑问词"吗"

例句：

❖ 你是留学生吗？
　nǐ shì liú xué shēng ma

❖ 她是老师吗？
　tā shì lǎo shī ma

❖ 你们去北京吗？
　nǐ men qù běi jīng ma

2. 请问 + 问题

例句：

❖ 请问这是机场吗？
　qǐng wèn zhè shì jī chǎng ma

❖ 请问你们是留学生吗？
　qǐng wèn nǐ men shì liú xué shēng ma

❖ 请问她是老师吗？
　qǐng wèn tā shì lǎo shī ma

3. 人称代词

单数	复数
你（您） nǐ　nín	你（您）们 nǐ　nín　men
我 wǒ	我们 wǒ men
他、她、它 tā　tā　tā	他（她、它）们 tā　tā　tā　men

例句：

❖ 你好！你们好！
　nǐ hǎo　nǐ men hǎo

❖ 他是老师。
　tā shì lǎo shī

tā men shì liú xué shēng
❖ 他们是留学生。

4. 人称代词 ＋ 是 ＋ 名词
例句：

wǒ shì é luó sī liú xué shēng
❖ 我是俄罗斯留学生。

tā shì zhōng guó xué shēng
❖ 她是中国学生。

wǒ men shì liú xué shēng
❖ 我们是留学生。

5. 也 ＋ 动词
例句：

nǐ yě qù běi jīng ma
❖ 你也去北京吗？

wǒ men yě xué hàn yǔ
❖ 我们也学汉语。

nǐ yě shì liú xué shēng ma　wǒ yě shì
❖ 你也是留学生吗？我也是。

6. 在 ＋ 地点
例句：

nǐ zài nǎ lǐ　wǒ zài shàng hǎi
❖ 你在哪里？我在上海。

wǒ zài xué xiào
❖ 我在学校。

tā zài chāo shì
❖ 他在超市。

7. 到 ＋ 地点
例句：

wǒ dào zhōng guó xué xí hàn yǔ
❖ 我到中国学习汉语。

tā dào shàng hǎi le
❖ 她到上海了。

nǐ dào jī chǎng le ma
❖ 你到机场了吗？

第一单元　中国欢迎你

8. 名词 ＋ 的 ＋ 名词

例如：

❖ 上海的机场很大。
　shàng hǎi de jī chǎng hěn dà

❖ 中国的学校很多。
　zhōng guó de xué xiào hěn duō

❖ 学校的大巴车很漂亮。
　xué xiào de dà bā chē hěn piào liàng

课后练习 Exercise

1. 填空 Fill in the Blanks

　　　　是　　高兴　　目的　　也　　哪里　　请问

（1）(　　　)您这次行程的(　　　)是什么？
（2）认识你很(　　　)。
（3）(　　　)机场巴士在(　　　)？
（4）你(　　　)留学生吗？
（5）我(　　　)是留学生。
（6）你的学校在(　　　)？

2. 词语搭配 Match Phrases

坐		留学生
是		大巴车
跟着		前面
就在		我吧
旅途		学校
住在		愉快
欢迎		来到中国

· 8 ·

3. 补充词汇 Extra Vocabulary

交通工具 (jiāo tōng gōng jù) Transportation Vehicle

飞机 (fēi jī)	高铁 (gāo tiě)	大巴车 (dà bā chē)	轻轨 (qīng guǐ)
airplane	high-speed train	coach	light rail
公共汽车 (gōng gòng qì chē)	火车 (huǒ chē)	出租车 (chū zū chē)	滴滴快车 (dī dī kuài chē)
public bus	train	taxi	Didi

❖ 你乘坐什么交通工具去学校？
(nǐ chéng zuò shén me jiāo tōng gōng jù qù xué xiào)

❖ 你来中国乘坐什么交通工具？
(nǐ lái zhōng guó chéng zuò shén me jiāo tōng gōng jù)

❖ 你去上海乘坐什么交通工具？
(nǐ qù shàng hǎi chéng zuò shén me jiāo tōng gōng jù)

4. 口语问答 Ask and Answer

❖ 来到中国以后，你住在哪里？
(lái dào zhōng guó yǐ hòu, nǐ zhù zài nǎ lǐ)

❖ 在自己的国家，你一般乘坐什么交通工具？
(zài zì jǐ de guó jiā, nǐ yī bān chéng zuò shén me jiāo tōng gōng jù)

❖ 你在中国坐过高铁吗？坐过出租车吗？
(nǐ zài zhōng guó zuò guò gāo tiě ma, zuò guò chū zū chē ma)

❖ 你在中国坐过滴滴快车吗？
(nǐ zài zhōng guó zuò guò dī dī kuài chē ma)

❖ 你觉得哪一种交通工具方便？哪一种价格便宜？
(nǐ jué de nǎ yī zhǒng jiāo tōng gōng jù fāng biàn, nǎ yī zhǒng jià gé pián yí)

第一单元　中国欢迎你

第二课　超市购物

Lesson 2　Shopping in the Supermarket

课前问题 Question before the Text

> nǐ jīng cháng qù chāo shì gòu wù ma
> ➤ 你 经 常 去 超 市 购 物 吗？
>
> Do you usually go to the supermarket for shopping?

> nǐ jīng cháng qù chāo shì mǎi shén me
> 你 经 常 去 超 市 买 什 么？
> What do you usually buy in the supermarket?

词汇与短语 Vocabulary and Phrase

jīng cháng 经 常 usually(*adv.*)	xiǎng 想 want(*v.*)
lóu shàng 楼 上 upstairs(*n.*)	niú ròu 牛 肉 beef(*n.*)
mǎi 买 buy(*v.*)	shuǐ guǒ 水 果 fruit(*n.*)
hé 和 and(*conj.*)	yī gòng 一 共 totally(*adv.*)
jié zhàng 结 账 pay(*v.*)	qián 钱 money(*n.*)
xū yào 需 要 need(*v.*)	měi 每 every(*adj.*)
kě yǐ 可 以 may(*modal verb*)	xìn yòng kǎ 信 用 卡 credit card
yuán kuài 元 （块） the standard unit of money in China	
jiǎo máo 角 （毛） the standard unit of money in China	
shàng lóu 上 楼 go upstairs	duō shǎo 多 少 how much（many）
sù liào dài 塑 料 袋 plastic bag	gòu wù chē 购 物 车 shopping cart
dǎ rǎo yī xià 打 扰 一 下！Excuse me!	

第一单元 中国欢迎你

常用表达 Expression

gòu wù chē zài nǎ lǐ 购 物 车 在 哪 里？	Where is the shopping cart?
shàng lóu 上 楼！	Go upstairs!
wǒ xiǎng mǎi niú ròu hé shuǐ guǒ 我 想 买 牛 肉 和 水 果。	I want to buy some beef and fruits.
wǒ kě yǐ zài lóu shàng jié zhàng ma 我 可 以 在 楼 上 结 账 吗？	May I pay the bill upstairs?
zhè xiē yī gòng duō shǎo qián 这 些 一 共 多 少 钱？	How much do they cost totally?
nǐ xū yào sù liào dài ma 你 需 要 塑 料 袋 吗？	Do you need a plastic bag?
wǒ kě yǐ yòng xìn yòng kǎ jié zhàng ma 我 可 以 用 信 用 卡 结 账 吗？	May I pay by the credit card?

对话 A Dialogue A

yuē hàn zài chāo shì gòu wù
约 翰 在 超 市 购 物

yuē hàn dǎ rǎo yī xià qǐng wèn gòu wù chē 约 翰：打 扰 一 下，请 问 购 物 车 zài nǎ lǐ 在 哪 里？	John: Excuse me! Where is the shopping cart?
chāo shì gōng zuò rén yuán gòu wù chē zài 超 市 工 作 人 员：购 物 车 在 lóu shàng qǐng shàng lóu 楼 上，请 上 楼。	Staff: Shopping carts are upstairs and please go upstairs.

yuē hàn wǒ xiǎng mǎi niú ròu hé shuǐ guǒ 约翰：我 想 买 牛 肉 和 水 果， lóu shàng yǒu ma 楼 上 有 吗？	John：I want to buy some beef and fruits. Are there any beef and fruits upstairs?
chāo shì gōng zuò rén yuán yǒu 超 市 工 作 人 员：有。	Staff：Yes, there are.
yuē hàn wǒ kě yǐ zài lóu shàng jié zhàng 约翰：我 可 以 在 楼 上 结 账 ma 吗？	John：May I pay the bill upstairs？
chāo shì gōng zuò rén yuán kě yǐ 超 市 工 作 人 员：可 以。	Staff：Yes.
yuē hàn xiè xiè 约 翰：谢 谢！	John：Thank you！

对话B　Dialogue B

yuē hàn zài chāo shì jié zhàng
约 翰 在 超 市 结 账

shōu yín yuán zhè xiē dōu shì nǐ de ma 收 银 员：这 些 都 是 你 的 吗？	Cashier：Are these all yours?
yuē hàn shì de zhè xiē yī gòng duō 约 翰：是 的。这 些 一 共 多 shǎo qián 少 钱？	John：Yes. How much do they cost totally?
shōu yín yuán nǐ xū yào sù liào dài ma 收 银 员：你 需 要 塑 料 袋 吗？ měi gè sù liào dài liǎng jiǎo 每 个 塑 料 袋 两 角。	Cashier：Do you need a plastic bag？ Two Jiao for each.
yuē hàn shì de qǐng gěi wǒ yī gè sù 约 翰：是 的。请 给 我 一 个 塑 liào dài 料 袋。	John：Yes. Please give me a plastic bag.

第一单元　中国欢迎你

shōu yín yuán　yī gòng liù shí yuán wǔ jiǎo 收银员：一共六十元五角。	Cashier：The total is 60 Yuan and 5 Jiao.
yuē hàn　wǒ kě yǐ yòng xìn yòng kǎ jié zhàng ma 约翰：我可以用信用卡结账吗？	John：May I pay by the credit card?
shōu yín yuán　kě yǐ 收银员：可以。	Cashier：Yes.

语言点 Language Point

1. ……在哪里

例句：

❖ qǐng wèn gòu wù chē zài nǎ lǐ
请问购物车在哪里？

❖ nǐ de xué xiào zài nǎ lǐ
你的学校在哪里？

❖ chāo shì zài nǎ lǐ
超市在哪里？

2. 指示代词

单数	复数
zhè gè 这（个）	zhè xiē 这些
nà gè 那（个）	nà xiē 那些

例句：

❖ zhè gè sù liào dài shì wǒ de
这个塑料袋是我的。

❖ nà gè rén shì liú xué shēng ma
那个人是留学生吗？

zhè xiē dōu shì nǐ de ma
❖ 这 些 都 是 你 的 吗？

3. 想 ＋ 动词……

例句：

nǐ xiǎng mǎi shén me   wǒ xiǎng mǎi shuǐ guǒ hé niú nǎi
❖ 你 想 买 什 么？我 想 买 水 果 和 牛 奶。

wǒ men xiǎng jié zhàng
❖ 我 们 想 结 账。

tā xiǎng mǎi shū
❖ 她 想 买 书。

4. 多少钱

例句：

zhè xiē yī gòng duō shǎo qián
❖ 这 些 一 共 多 少 钱？

shuǐ guǒ duō shǎo qián
❖ 水 果 多 少 钱？

niú ròu duō shǎo qián
❖ 牛 肉 多 少 钱？

5. 用＋名词＋动词

例如：

wǒ yòng xìn yòng kǎ jié zhàng
❖ 我 用 信 用 卡 结 账。

nǐ men yòng wēi xìn jié zhàng
❖ 你 们 用 微 信 结 账。

tā yòng shǒu jī dǎ diàn huà
❖ 她 用 手 机 打 电 话。

课后练习 Exercise

1. 填空 Fill in the Blanks

购物车　经常　上楼　可以　多少　和　买　需要

（1）您（　　）去超市（　　）东西吗？

（2）我买了水果和牛肉，我需要一辆（　　　）。

第一单元　中国欢迎你

(3)请问洗手间怎么走？请（　　　）。
(4)我（　　　）用信用卡结账吗？
(5)我在超市买了水果（　　　）牛肉。
(6)你（　　　）塑料袋吗？
(7)请问这些（　　　）钱？

2. 词语排序 Put the Words in the Right Order

(1)在超市　留学生　购物。
(2)哪里　在　购物车　请问？
(3)牛肉　水果　和　想　我　买。
(4)结账　楼上　可以　我　在　吗？
(5)多少钱　一共　水果　这些？

3. 补充词语 Extra Vocabulary

数字 1～100　Numbers 1-100

yī 一 1	èr 二 2	sān 三 3	sì 四 4	wǔ 五 5
liù 六 6	qī 七 7	bā 八 8	jiǔ 九 9	shí 十 10
shí yī 十一 11	shí èr 十二 12	shí sān 十三 13	shí sì 十四 14	shí wǔ 十五 15
shí liù 十六 16	shí qī 十七 17	shí bā 十八 18	shí jiǔ 十九 19	èr shí 二十 20
èr shí yī 二十一 21	èr shí èr 二十二 22	èr shí sān 二十三 23	èr shí sì 二十四 24	èr shí wǔ 二十五 25
èr shí liù 二十六 26	èr shí qī 二十七 27	èr shí bā 二十八 28	èr shí jiǔ 二十九 29	sān shí 三十 30

第二课　超市购物

sān shí yī 三 十 一 31				
...				
...				
jiǔ shí liù 九 十 六 96	jiǔ shí qī 九 十 七 97	jiǔ shí bā 九 十 八 98	jiǔ shí jiǔ 九 十 九 99	yī bǎi 一 百 100

qián de dān wèi
钱 的 单 位　Unit of Money

zhèng shì yòng yǔ 正 式 用 语 Formal Chinese	yuán 元	jiǎo 角	fēn 分
fēi zhèng shì yòng yǔ 非 正 式 用 语 Informal Chinese	kuài 块	máo 毛	fēn 分

❖ 读出下列数字与钱数 Read out the following numbers and amount of money

shù zì
数 字　Numbers

9	5	2
44	4	14
18	26	47
76	51	99

qián shù
钱 数　Amount of Money

7 元	7 块
5 角	5 毛
10 元 3 角	10 块 3 毛
21 元 6 角	21 元 6 毛
44 元 2 角	44 元 2 毛
99 元 5 角	99 元 5 毛

17

4. 口语问答 Ask and Answer

❖ 你喜欢去超市吗？

❖ 你一般去超市买什么？

❖ 超市离学校远吗？

❖ 你在超市用什么方式结账？

第三课 使用微信

Lesson 3　Using WeChat

课前问题 Question before the Text

> nǐ yǒu wēi xìn ma
> 你 有 微 信 吗？
> Do you have WeChat ?

第一单元 中国欢迎你

> nǐ huì yòng wēi xìn ma
> 你 会 用 微 信 吗？
> Do you know how to use WeChat?

词汇与短语 Vocabulary and Phrase

yǒu
有　have(v.)

huì
会　can(modal verb)

jiāo
教　teach(v.)

xiān
先　first(adv.)

zhī fù
支 付　pay(v.)

suī rán
虽 然　though(conj.)

xǐ huān
喜 欢　like(v.)

hàn yǔ
汉 语　Chinese(n.)

néng
能　be able to

sǎo mǎ
扫 码　swipe the code

wēi xìn
微 信　WeChat(n.)

yòng
用　use(v.)

fēi cháng
非 常　very(adv.)

xià zài
下 载　download(v.)

hǎo
好　good(adj.)

dàn shì
但 是　but(conj.)

liáo tiān
聊 天　chat(v.)

fāng biàn
方 便　convenient(adj.)

zěn me yòng
怎 么 用　how to use

第三课 使用微信

常用表达 Expression

nǐ yǒu wēi xìn ma 你 有 微 信 吗？	Do you have WeChat?
nǐ néng jiāo wǒ zěn me yòng ma 你 能 教 我 怎 么 用 吗？	Would you please teach me how to use it?
nǐ xiān zài shǒu jī shàng xià zài wēi 你 先 在 手 机 上 下 载 微 xìn ba 信 吧。	You need to download the WeChat first.
wǒ huì yòng wēi xìn 我 会 用 微 信。	I can use WeChat.
wǒ qù chāo shì yòng wēi xìn sǎo mǎ 我 去 超 市 用 微 信 扫 码 zhī fù 支 付。	I swipe the code for payment by WeChat in the supermarket.
suī rán wǒ de hàn yǔ bù hǎo dàn shì 虽 然 我 的 汉 语 不 好，但 是 wǒ xǐ huān yòng hàn yǔ liáo tiān 我 喜 欢 用 汉 语 聊 天。	Though my Chinese is not very good, I like chatting in Chinese.

对话 A　Dialogue A

chén míng jiāo mǎ lì yòng wēi xìn
陈 明 教 玛 丽 用 微 信

chén míng mǎ lì nǐ yǒu wēi xìn ma 陈 明：玛丽，你 有 微 信 吗？	Chen Ming: Mary, do you have WeChat?
mǎ lì wǒ méi yǒu nǐ kě yǐ jiāo wǒ 玛 丽：我 没 有。你 可 以 教 我 zěn me yòng ma 怎 么 用 吗？	Mary: I don't have. Would you please teach me how to use it?

第一单元　中国欢迎你

陈明：当然可以！你先在手机上下载微信吧。	Chen Ming: Of course! First, you need download WeChat on your cellphone.
玛丽：好的。	Mary: OK.

对话 B　Dialogue B

玛丽学会用微信

玛丽：陈明，我会用微信了。我的微信上有很多中国朋友。	Mary: Chen Ming, I can use WeChat. I have many Chinese friends on my WeChat.
陈明：太好了！你喜欢在微信上聊天吗？	Chen Ming: Great! Do you like chatting on WeChat?
玛丽：当然！虽然我的汉语不好，但是我喜欢用汉语聊天。	Mary: Of course! Though my Chinese is not very good, I like chatting in Chinese.
陈明：你会用微信扫码支付吗？	Chen Ming: Can you swipe the code for payment by WeChat?
玛丽：我会。我去超市用微信扫码支付。很方便。	Mary: Yes, I can. I swipe the code for payment by WeChat in the supermarket. It is very convenient.

第三课　使用微信

语言点 Language Point

1. 你有……吗？

例句：

❖ 你有微信吗？
　nǐ yǒu wēi xìn ma

❖ 你有好朋友吗？
　nǐ yǒu hǎo péng yǒu ma

❖ 你有信用卡吗？
　nǐ yǒu xìn yòng kǎ ma

2. 怎么＋动词＋名词

例句：

❖ 你都怎么用微信？
　nǐ dōu zěn me yòng wēi xìn

❖ 我们怎么学习汉语？
　wǒ men zěn me xué xí hàn yǔ

❖ 我们怎么去机场？
　wǒ men zěn me qù jī chǎng

3. 会＋动词

例句：

❖ 你会用微信吗？
　nǐ huì yòng wēi xìn ma

❖ 我会说汉语。
　wǒ huì shuō hàn yǔ

❖ 我们会支付。
　wǒ men huì zhī fù

4. 虽然……但是……

例句：

❖ 虽然我的汉语不好，但是我喜欢用汉语聊天。
　suī rán wǒ de hàn yǔ bù hǎo dàn shì wǒ xǐ huān yòng hàn yǔ liáo tiān

第一单元　中国欢迎你

❖ 虽然我不会用微信，但是我可以学。
❖ 虽然我没有信用卡，但是我可以用微信支付。

5. 去＋地点

例句：

❖ 你去哪里？我去超市。
❖ 我们去学校。
❖ 他去上海。

6. 可以＋动词

例句：

❖ 你可以教我吗？
❖ 我可以结账吗？
❖ 留学生可以去吗？

课后练习 Exercise

1. 填空 Fill in the Blanks

聊天　　虽然　　去　　会　　教　　扫码　　可以

（1）（　　）我的汉语不好，但是我喜欢用汉语（　　　　）。
（2）你（　　　）来一下吗？
（3）你（　　　）超市购物吗？
（4）你（　　　）用微信结账吗？
（5）我可以（　　　　）你用微信。
（6）在超市，你可以用微信（　　　　）支付。

2. 词语搭配 Match Phrases

很		超市
下载		使用
怎么		信用卡
用		朋友
交		支付
扫码		微信
去		方便

3. 阅读补充 Extra Reading

我们生活中的微信
wǒ men shēng huó zhōng de wēi xìn

微信是一种大数据时代的新型社交软件，逐渐进入中国人的日常生活。微信，支持发送音频、视频、图片和文本信息。人们在日常生活中依赖微信，频繁使用音频和视频功能聊天。此外，人们可以在大部分消费场所使用微信钱包进行付款，还可以在微信上搭建个人在线商务平台。如今，中国人的生活与微信紧密相连。

WeChat in Our Lives

　　As a new app in big data era, WeChat gradually comes into Chinese people's daily lives. It supports to send voice, video, photo, and text messages. In our daily lives, people rely on WeChat in audio and video chat frequently. Moreover, people may use WeChat wallet to pay the bill in most of places of consumption, and set up their own online business platform on WeChat. Nowadays there is a close relationship between the lives of Chinese people and WeChat.

❖ 在中国，人们可以用微信做什么？

❖ 人们可以用微信＿＿＿＿＿＿＿＿＿＿。

交朋友　　　　　　　　　结账

做生意　　　　　　　　　开会

语音聊天　　　　　　　　视频聊天

4. 口语问答 Ask and Answer

❖ 你会用微信吗？

❖ 你觉得用微信方便吗？

❖ 在中国，你用微信做什么？

❖ 在你的国家，人们使用这种社交软件吗？

第四课　买手机卡

Lesson 4　Buying Cellphone SIM Card

课前问题　Question before the Text

> nǐ yǒu zhōng guó de shǒu jī kǎ ma
> 你 有 中 国 的 手 机 卡 吗？
> Do you have Chinese cellphone SIM card?

第一单元　中国欢迎你

> nǐ jīng cháng gěi péng yǒu dǎ diàn huà ma
> 你经常给朋友打电话吗？
> Do you usually call your friends?

词汇与短语 Vocabulary and Phrase

shǒu jī
手机 cellphone(n.)

fù jìn
附近 near(prep.)

wàng jì
忘记 forget(v.)

hù zhào
护照 passport(n.)

yuè
月 month(n.)

yī zhǒng
一种 a kind of

zhōng guó yí dòng
中国移动 China Mobile

guó jì cháng tú
国际长途 international call

kǎ
卡 card(n.)

yào
要 want(v.)

dài
带 take(v.)

mǎi
买 buy(v.)

fēn bié
分别 respectively(adv.)

nǎ yī gè
哪一个 which one

yíng yè tīng
营业厅 business hall

yuè zū
月租 monthly payment

常用表达 Expression

wǒ xiǎng mǎi yī zhāng shǒu jī kǎ 我想买一张手机卡。	I want to buy a cellphone SIM card.
nǐ kě yǐ qù zhōng guó yí dòng yíng yè tīng 你可以去中国移动营业厅。	You may go to the China Mobile Business Hall.

第四课 买手机卡

zài xué xiào fù jìn yǒu yī gè 在学校附近有一个。	There is one near the campus.
bù yào wàng jì dài hù zhào 不要忘记带护照！	Don't forget to take the passport!
wǒ men yǒu liǎng zhǒng kǎ 我们有两种卡。	We have two kinds of cards.
nǎ yī zhǒng kě yǐ dǎ guó jì cháng tú 哪一种可以打国际长途？	Which one is used for the international call?
yuè zū fēn bié shì sān shí yuán hé wǔ shí yuán 月租分别是三十元和五十元。	The monthly payment is 30 Yuan and 50 Yuan respectively.

对话 A Dialogue A

ā lǐ xiǎng mǎi yī zhāng shǒu jī kǎ
阿里想买一张手机卡

ā lǐ chén míng wǒ xiǎng mǎi yī zhāng shǒu jī kǎ nǐ zhī dào zài nǎ lǐ mǎi ma 阿里：陈明，我想买一张手机卡。你知道在哪里买吗？	Ali：Chen Ming, I want to buy a cellphone SIM card. Do you know where I can buy it?
chén míng nǐ kě yǐ qù zhōng guó yí dòng yíng yè tīng xué xiào fù jìn jiù yǒu yī gè 陈明：你可以去中国移动营业厅。学校附近就有一个。	Chen Ming：You may go to the China Mobile Business Hall. There is one just near the campus.
ā lǐ hǎo de 阿里：好的。	Ali：OK.
chén míng nǐ shì liú xué shēng bù yào wàng jì dài hù zhào 陈明：你是留学生，不要忘记带护照！	Chen Ming：You are an international student. Don't forget to take the passport!
ā lǐ hǎo xiè xiè 阿里：好。谢谢！	Ali：OK. Thank you！

第一单元　中国欢迎你

对话 B　Dialogue B

ā lǐ zài zhōng guó yí dòng yíng yè tīng
阿里在中国移动营业厅

阿里：你好！我要买一张手机卡。我是留学生。这是我的护照。	Ali: Hello! I want to buy a cellphone SIM card. I am an international student. This is my passport.
工作人员：好的。我有两种卡，月租分别是30元和50元。	Staff: OK. I have two kinds of cards. One is 30 Yuan and the other is 50 Yuan.
阿里：哪一种可以打国际长途？	Ali: Which one can work for international call?
工作人员：50元的卡可以打国际长途。	Staff: The card of 50 Yuan.
阿里：好。我要50元的卡。	Ali: OK. I would like to get the one of 50 Yuan.

语言点 Language Point

1. 个、张

数词＋量词＋名词

一个学生　　一个老师　　一个超市

一张卡　　　一张纸　　　一张试卷

例句：

- 教室里有一个留学生。
- 我要买一张手机卡。
- 机场外面有一个超市。

2. 种

例句：

- 我有两种手机卡。
- 一种是五十元，另一种是三十元。
- 你要买哪一种？

3. 一个(种)……另一个(种)……

例句：

- 两种卡，一种是五十元，另一种是三十元。
- 两个留学生，一个是美国人，另一个是日本人。
- 我看见两个人，一个人在超市，另一个人在学校。

4. 哪一个(种)……

例句：

- 哪一种可以打国际长途？
- 哪一个是你的？

第一单元　中国欢迎你

❖ nǐ xǐ huān nǎ yī gè
你喜欢哪一个？

5. 在＋地点＋附近

例句：

❖ yí dòng yíng yè tīng zài xué xiào fù jìn
移动营业厅在学校附近。

❖ wǒ zài yín háng fù jìn
我在银行附近。

❖ chāo shì zài xué xiào fù jìn
超市在学校附近。

6. 要＋动词

例句：

❖ wǒ yào mǎi yī zhāng shǒu jī kǎ
我要买一张手机卡。

❖ tā yào qù zhōng guó
她要去中国。

❖ wǒ men yào xué hàn yǔ
我们要学汉语。

7. 不要＋动词

例句：

❖ bù yào wàng jì dài hù zhào
不要忘记带护照！

❖ bù yào qù nà lǐ
不要去那里！

❖ bù yào shàng lóu
不要上楼！

课后练习 Exercise

1. 填空 Fill in the Blanks

　　是　　张　　个　　忘记　　附近　　买

(1) 我买了一(　　)手机卡。

(2) 玛丽是一(　　)留学生。

（3）这（　　　）你的手机吗？

（4）你要（　　　）哪一种手机卡？

（5）学校（　　　）有一个超市。

（6）不要（　　　）带护照。

2. 词语搭配 Match Phrases

一个		手机卡
买		长途
一张		一种
国际		附近
学校		留学生
哪		牛肉

3. 补充词语 Extra Vocabulary

shǒu jī shàng de cháng yòng ruǎn jiàn
手 机 上 的 常 用 软 件

wēi xìn 微 信 WeChat	téng xùn 腾 讯 QQ Tencent QQ	táo bǎo 淘 宝 Taobao	měi tuán wài mài 美 团 外 卖 Meituan
bǎi dù 百 度 Baidu	dī dī chū xíng 滴 滴 出 行 Didi	gāo dé dì tú 高 德 地 图 Gaode	jīn rì tóu tiáo 今 日 头 条 Toutiao

❖ nǐ zhī dào yǐ shàng ruǎn jiàn ma
  你 知 道 以 上 软 件 吗？

❖ rú guǒ nǐ xiǎng diǎn wài mài yòng nǎ yī gè
  如 果 你 想 点 外 卖，用 哪 一 个？

❖ rú guǒ nǐ xiǎng kàn xīn wén yòng nǎ yī gè
  如 果 你 想 看 新 闻，用 哪 一 个？

❖ rú guǒ nǐ xiǎng chá dì tú yòng nǎ yī gè
  如 果 你 想 查 地 图，用 哪 一 个？

❖ rú guǒ nǐ xiǎng dǎ chē yòng nǎ yī gè
  如 果 你 想 打 车，用 哪 一 个？

4. 口语问答 Ask and Answer

❖ 来到中国以后,你和家人通过电话联系吗?

❖ 你买过中国的手机卡吗?

❖ 你经常给中国的朋友打电话吗?

❖ 你每个月的手机话费是多少?

❖ 你每个月的手机流量是多少?

第二单元　美丽的校园

Unit 2　The Beautiful Campus

第二单元 美丽的校园

第五课　在汉语教室

Lesson 5　In the Chinese Classroom

课前问题 Question before the Text

➢ nǐ xǐ huān hàn yǔ kè ma
　你 喜 欢 汉 语 课 吗？
　Do you like Chinese class?

> nǐ huì shuō hàn yǔ ma
> 你 会 说 汉 语 吗？
> Can you speak Chinese?

词汇与短语 Vocabulary and Phrase

zhī dào 知 道 know(v.)	jiào shì 教 室 classroom(n.)
hào mǎ 号 码 number(n.)	běi 北 north(n.)
xǐ huān 喜 欢 like(v.)	hěn duō 很 多 many(adj.)
yǐ zi 椅 子 chair(n.)	lǐ miàn 里 面 inside(prep.)
piào liàng 漂 亮 beautiful(adj.)	zhuō zi 桌 子 desk(n.)
yù jiàn 遇 见 meet(v.)	fēi cháng 非 常 very(adv.)
xīn de 新 的 new(adj.)	tóng xué 同 学 classmate(n.)
què shí 确 实 indeed(adv.)	tiáo jiàn 条 件 condition(n.)
shàng kè 上 课 have class	lái zì 来 自 come from
hàn yǔ kè 汉 语 课 Chinese class	zhōng shì 中 式 Chinese-style

常用表达 Expression

zǎo shàng hǎo 早 上 好！	Good morning！

第二单元　美丽的校园

wǒ zhèng zài zhǎo hàn yǔ jiào shì 我 正 在 找 汉 语 教 室。	I am looking for the Chinese classroom.
nǐ zhī dào liú xué shēng de hàn yǔ 你 知 道 留 学 生 的 汉 语 jiào shì zài nǎ lǐ ma 教 室 在 哪 里 吗?	Do you know where the Chinese classroom of international students is?
jiào shì zài sān lóu běi cè 教 室 在 三 楼 北 侧。	The classroom is in the north of the third floor.
wǒ yě zài zhè jiān jiào shì shàng 我 也 在 这 间 教 室 上 hàn yǔ kè 汉 语 课。	I have Chinese class in this room, too.
wǒ lái zì yìn dù ní xī yà 我 来 自 印 度 尼 西 亚。	I come from Indonesia.
jiào shì què shí hěn piào liàng 教 室 确 实 很 漂 亮。	The classroom is very beautiful indeed.

对话 A　Dialogue A

mǎ lì zhǎo hàn yǔ jiào shì
玛 丽 找 汉 语 教 室

mǎ lì zǎo shàng hǎo chén míng 玛丽：早 上 好! 陈 明。	Mary: Good morning! Chen Ming.
chén míng zǎo mǎ lì 陈 明：早! 玛丽。	Chen Ming: Morning! Mary.
mǎ lì wǒ zhèng zài zhǎo hàn yǔ jiào 玛丽：我 正 在 找 汉 语 教 shì nǐ zhī dào liú xué shēng de hàn yǔ 室。你 知 道 留 学 生 的 汉 语 jiào shì zài nǎ lǐ ma 教 室 在 哪 里 吗?	Mary: I am looking for the Chinese classroom. Do you know where the Chinese classroom of international students is?

第五课　在汉语教室

chén míng　xué xiào lǐ yǒu hěn duō hàn yǔ 陈　明：学　校　里　有　很　多　汉　语 jiào shì　jiào shì de hào mǎ shì duō shǎo 教　室，教　室　的　号　码　是　多　少？	Chen Ming：There are many Chinese classrooms on the campus. What is the number of the classroom?
mǎ lì　　jiào shì 玛　丽：311 教　室。	Mary：Classroom 311.
chén míng　zhè shì yī jiān tiáo jiàn bù 陈　明：这　是　一　间　条　件　不 cuò de xīn jiào shì　zài sān lóu de běi 错　的　新　教　室，在　三　楼　的　北 cè 侧。	Chen Ming：It is a new classroom with good condition and it is in the north of the third floor.
mǎ lì　wǒ zhī dào le　xiè xiè 玛　丽：我　知　道　了。谢　谢！	Mary：I know. Thank you!

对话B　Dialogue B

liú xué shēng zài hàn yǔ jiào shì xiāng yù
留　学　生　在　汉　语　教　室　相　遇

mǎ lì　nǐ hǎo　wǒ jiào mǎ lì　qǐng 玛　丽：你　好！我　叫　玛　丽。请 wèn zhè shì hàn yǔ jiào shì　　ma 问　这　是　汉　语　教　室　311 吗？	Mary：Hello！I am Mary. Is this the Chinese classroom 311？
ā lǐ　shì de　wǒ yě zài zhè jiān jiào shì 阿　里：是　的。我　也　在　这　间　教　室 shàng hàn yǔ kè　wǒ men shì tóng xué 上　汉　语　课，我　们　是　同　学。	Ali：Yes, I have Chinese class in this room, too. We are classmates.
mǎ lì　zhēn qiǎo　wǒ shì měi guó liú 玛　丽：真　巧！我　是　美　国　留 xué shēng　nǐ ne 学　生，你　呢？	Mary：What a coincidence! I am an American international student, and you？
ā lǐ　wǒ lái zì yìn dù ní xī yà　hěn 阿　里：我　来　自　印　度　尼　西　亚。很 gāo xìng rèn shí nǐ 高　兴　认　识　你！	Ali：I come from Indonesia. Nice to meet you！

第二单元 美丽的校园

玛丽：我也是。我很喜欢这间教室。里面有中式桌椅，非常漂亮！	Mary: Me too. I like this classroom very much. There are some Chinese-style desks and chairs. They are very beautiful!
阿里：这间新教室确实很漂亮。	Ali: This classroom is really beautiful.

语言点 Language Point

1. 真巧！

例句：

❖ 真巧！你也来自美国。

❖ 真巧！我也在这间教室上课。

❖ 真巧！我们都是留学生。

2. 很+喜欢

例句：

❖ 我很喜欢这间教室。

❖ 留学生们很喜欢学汉语。

❖ 他们很喜欢上汉语课。

3. 间

例句：

❖ 这是一间宿舍。

lóu shàng yǒu liǎng jiān jiào shì
❖ 楼上有两间教室。

qián miàn yǒu sān jiān hàn yǔ jiào shì
❖ 前面有三间汉语教室。

4. 非常＋形容词

例句：

wǒ fēi cháng kāi xīn
❖ 我非常开心。

zhè jiān jiào shì fēi cháng piào liàng
❖ 这间教室非常漂亮。

xué xiào fēi cháng dà
❖ 学校非常大。

5. 地点＋有……

例句：

jiào shì lǐ yǒu zhōng shì zhuō yǐ
❖ 教室里有中式桌椅。

xué xiào lǐ yǒu hěn duō liú xué shēng
❖ 学校里有很多留学生。

chāo shì lǐ yǒu hěn duō rén
❖ 超市里有很多人。

6. 确实＋很＋形容词

例如：

shàng hǎi de jī chǎng què shí hěn dà
❖ 上海的机场确实很大。

zhè jiān hàn yǔ jiào shì què shí hěn piào liàng
❖ 这间汉语教室确实很漂亮。

xué xiào de liú xué shēng què shí hěn duō
❖ 学校的留学生确实很多。

7. 正在＋动词

例如：

liú xué shēng zhèng zài zhǎo hàn yǔ jiào shì
❖ 留学生正在找汉语教室。

wǒ zhèng zài shuō hàn yǔ
❖ 我正在说汉语。

第二单元 美丽的校园

❖ tā men zhèng zài shàng kè
　他 们 正 在 上 课。

课后练习 Exercise

1. 填空 Fill in the Blanks

早上好　　正在　　知道　　喜欢　　漂亮　　北侧

(1) A:(　　)！B:早！
(2) 我(　　)上汉语课。
(3) 你(　　)我们的新教室在哪里吗？
(4) 同学们都(　　)学汉语。
(5) 校园真(　　)！
(6) 教室在哪里？在(　　)。

2. 词语搭配 Match Phrases

确实		学汉语
正在		很漂亮
中式		美国
来自		桌椅
找		教室
上		同学
一间		汉语课

3. 补充词语 Extra Vocabulary

yǔ yán
语 言 Language

hàn yǔ 汉 语 Chinese	yīng yǔ 英 语 English	fǎ yǔ 法 语 French	yì dà lì yǔ 意 大 利 语 Italian
dé yǔ 德 语 German	é yǔ 俄 语 Russian	rì yǔ 日 语 Japanese	yìn ní yǔ 印 尼 语 Indonesian

❖ nǐ men guó jiā de yǔ yán shì shén me
　你 们 国 家 的 语 言 是 什 么？

- 中国人说什么语言？
- 你会说哪几种语言？
- 你想学哪几种语言？

4. 口语问答 Ask and Answer

- 你们学校的汉语教室在哪里？漂亮吗？
- 你每天有几节汉语听说课？有几节汉语读写课？
- 你觉得汉语发音难学吗？汉字难写吗？
- 你的汉语班里有多少个留学生？

第二单元　美丽的校园

第六课　在食堂

Lesson 6　In the School Canteen

课前问题 Question before the Text

> nǐ qù guò xué xiào de shí táng ma
> 你去过学校的食堂吗？
> Have you ever been to the school cateen?

> nǐ xǐ huān shí táng lǐ de cài ma
> 你 喜 欢 食 堂 里 的 菜 吗？
> Do you like the food in the canteen?

词汇与短语 Vocabulary and Phrase

zhōng wǔ
中 午 noon(n.)

chī
吃 eat(v.)

fàn
饭 meal(n.)

shí táng
食 堂 cateen(n.)

zhū ròu
猪 肉 pork(n.)

wǎn
碗 bowl(n.)

lā miàn
拉 面 hand-pulled noodles(n.)

niú ròu
牛 肉 beef(n.)

xiāng cài
香 菜 coriander(n.)

jiā
加 add(v.)

duō
多 more(adv.)

là
辣 spicy(adj.)

děng
等 wait(v.)

jī dàn
鸡 蛋 egg(n.)

zháo jí
着 急 worried(adj.)

hái
还 still(adv.)

yuàn yì
愿 意 be willing to

pái duì
排 队 queue up

zhōng cān
中 餐 Chinese food

45

第二单元 美丽的校园

常用表达 Expression

今天中午我们去哪里吃饭？	Where shall we go for lunch today?
我们一起去学校食堂吧！	Let's go to the school cateen!
我要一碗牛肉拉面。	I want a bowl of beef hand-pulled noodles.
但是我不吃猪肉。	But I don't eat pork.
还要别的吗？	Do you need anything else?
我要多一点辣。	I want a bit more spicy.
就这些。	That's all.

对话 A Dialogue A

我们一起去食堂

阿里：嗨！约翰。今天中午我们去哪里吃饭？	Ali: Hi! John. Where shall we go for lunch today?
约翰：我们一起去学校食堂吧。你愿意吃中餐吗？	John: Let's go to the school cateen. Are you willing to have Chinese food?

46

ā lǐ dāng rán yuàn yì dàn shì 阿里：当然愿意。但是 wǒ bù chī zhū ròu 我不吃猪肉。	Ali：Of course. But I don't eat pork.
yuē hàn wǒ men qù chī niú ròu lā 约翰：我们去吃牛肉拉 miàn hǎo ma 面，好吗？	John：How about beef hand-pulled noodles?
ā lǐ hǎo bù guò wǒ men kě 阿里：好！不过我们可 néng yào pái duì děng wǔ cān shí 能要排队等午餐。食 táng lǐ xué shēng hěn duō 堂里学生很多。	Ali：OK. But maybe we have to queue up for lunch. There are many students in the canteen.
yuē hàn bù zháo jí wǒ men kě yǐ 约翰：不着急。我们可以 děng 等。	John：Don't worry. We can wait.

对话 B　Dialogue B

yuē hàn zài shí táng diǎn cān
约翰在食堂点餐

yuē hàn nǐ hǎo wǒ yào yī wǎn niú ròu 约翰：你好！我要一碗牛肉 lā miàn 拉面。	John：Hi! I want a bowl of beef hand-pulled noodles.
gōng zuò rén yuán hǎo de nǐ néng chī 工作人员：好的。你能吃 là ma 辣吗？	Staff：OK. Can you eat spicy food?

47

第二单元 美丽的校园

yuē hàn　　néng 。wǒ yào duō jiā yī diǎn 约　翰：能 。我 要 多 加 一 点 là 辣 。	John：Yes, please. I want it a bit more spicy.
gōng zuò rén yuán　nǐ yào xiāng cài ma 工 作 人 员：你 要 香 菜 吗？	Staff：Would you like some coriander?
yuē hàn　wǒ zhǐ yào yī diǎn 约 翰：我 只 要 一 点 。	John：Just a little.
gōng zuò rén yuán　hái yào bié de ma 工 作 人 员：还 要 别 的 吗？	Staff：Do you need anything else?
yuē hàn　wǒ hái yào liǎng gè jī dàn　jiù 约 翰：我 还 要 两 个 鸡 蛋 。就 zhè xiē　xiè xiè 这 些！谢 谢！	John：I also want two eggs. That's all! Thank you !
gōng zuò rén yuán　hǎo de 工 作 人 员：好 的 。	Staff：OK.

语言点 Language Point

1. 一碗

例句：

❖ wǒ yào yī wǎn niú ròu lā miàn
　我 要 一 碗 牛 肉 拉 面 。

❖ tā yào yī wǎn tāng
　她 要 一 碗 汤 。

❖ ā lǐ xiǎng yào yī wǎn fàn
　阿 里 想 要 一 碗 饭 。

2. 只＋动词

例句：

❖ yuē hàn zhǐ yào yī diǎn xiāng cài
　约 翰 只 要 一 点 香 菜 。

❖ tā zhǐ yǒu yī běn shū
　她 只 有 一 本 书 。

48

❖ 老师只看到一个留学生。

3. 多加＋一点

例句：

❖ 我要多加一点辣。

❖ 他要多加一点香菜。

❖ 我们要多加一点水。

4. 愿意＋动词

例句：

❖ 你愿意吃中餐吗？

❖ 我愿意来中国学习汉语。

❖ 她愿意住在学校。

5. 一起＋动词

例句：

❖ 你也一起来吧！

❖ 我们一起去食堂。

❖ 同学们一起学习汉语。

6. 还＋动词

例句：

❖ 我还要两个鸡蛋。

❖ 你明天还来学校吗？

❖ 你们还打篮球吗？

第二单元　美丽的校园

课后练习 Exercise

1. 填空 Fill in the Blanks

　　　　一起　　愿意　　排队　　不　　哪里　　一碗

（1）我们去（　　）吃饭？

（2）我们（　　）去学校食堂吧。

（3）你（　　）吃中餐还是西餐？

（4）人很多，所以我们可能要（　　）。

（5）（　　）着急，我们可以等一下。

（6）我要（　　）牛肉拉面。

2. 词语排序 Put the Words in the Right Order

（1）只　我　要　香菜　一点。

（2）食堂　你们　去　吃饭　要　吗？

（3）还　鸡蛋　我　要　三个。

（4）很多　学生　有　食堂　中午。

（5）辣　你　吃　能　吗？

（6）食堂里　学校　喜欢吃　我　的　菜。

3. 补充词语 Extra Vocabulary

美食 Delicious Food

mǐ fàn 米饭 rice	mán tóu 馒头 steamed bun	jī dàn tāng 鸡蛋汤 egg soup	bāo zi 包子 steamed stuffed bun
jiǎo zi 饺子 dumplings	hún tún 馄饨 hun tun	huǒ guō 火锅 hot pot	táng cù yú 糖醋鱼 sweet and sour fish

❖ nǐ chī guò yǐ shàng měi shí ma
　你 吃 过 以 上 美 食 吗？

❖ nǐ hái chī guò nǎ xiē zhōng guó měi shí
　你 还 吃 过 哪 些 中 国 美 食？

- 你喜欢吃辣吗？哪些美食是辣的？
- 中国人春节吃以上哪种美食？

4. 口语问答 Ask and Answer

- 你最喜欢吃中国的什么美食？
- 你在学校食堂经常吃什么？
- 你会做中国菜吗？
- 你吃过饺子和面条吗？

第二单元 美丽的校园

第七课 在图书馆

Lesson 7 In the Library

保持安静

课前问题 Question before the Text

> nǐ jīng cháng qù xué xiào tú shū guǎn ma
> 你 经 常 去 学 校 图 书 馆 吗？
> Do you usually go to the school library?

> nǐ zài tú shū guǎn jiè guò shū ma
> 你 在 图 书 馆 借 过 书 吗？
> Have you ever borrowed the book from the school library?

词汇与短语 Vocabulary and Phrase

jiè
借 borrow(v.)

tú shū guǎn
图 书 馆 library(n.)

xué xí
学 习 learning(n.)

chá
查 look up(v.)

lóu
楼 floor(n.)

guī dìng de
规 定 的 specified(adj.)

huán
还 return(v.)

wèn
问 ask(v.)

duō cháng
多 长 how long

shū
书 book(n.)

fāng miàn
方 面 aspect(n.)

yǒu
有 have(v.)

zhǎo
找 look for(v.)

shí jiān
时 间 time(n.)

zhī nèi
之 内 within(prep.)

cóng
从 from(prep.)

dú shū
读 书 read a book

shàng wǎng
上 网 on line

第二单元 美丽的校园

常用表达 Expression

wǒ xiǎng cóng xué xiào tú shū guǎn jiè 我 想 从 学 校 图 书 馆 借 yī běn shū 一 本 书 。	I want to borrow a book from the school library.
wǒ xiǎng jiè hàn yǔ xué xí fāng miàn 我 想 借 汉 语 学 习 方 面 de shū 的 书 。	I want to borrow a book about Chinese learning.
tú shū guǎn lǐ yǒu zhè běn shū ma 图 书 馆 里 有 这 本 书 吗？	Can I get this book in the library?
nǐ kě yǐ qù sān lóu zhǎo 你 可 以 去 三 楼 找 。	You may look for the book on the third floor.
nǐ yě kě yǐ shàng wǎng chá 你 也 可 以 上 网 查 。	You may also search on line.
qǐng wèn zhè běn shū wǒ kě yǐ jiè duō 请 问 这 本 书 我 可 以 借 多 cháng shí jiān 长 时 间？	How long can I keep the book, please?
qǐng zài guī dìng de shí jiān zhī nèi 请 在 规 定 的 时 间 之 内 huán shū 还 书 。	Please return the book within the specified time.

对话 A Dialogue A

雷纳夫想借书
léi nà fū xiǎng jiè shū

雷纳夫：你好！陈明。我想从学校图书馆借一本书。	Ranulph: Hello! Chen Ming. I would like to borrow a book from the school library.
陈明：你想借什么书？	Chen Ming: What kind of books would you like to borrow?
雷纳夫：我想借汉语学习方面的书。	Ranulph: I would like to borrow some books about Chinese learning.
陈明：学校图书馆有很多汉语学习方面的书。你可以去图书馆查，或者上网找。	Chen Ming: There are many books to learn Chinese in the school library. You may look for the book in the library or search on line.
雷纳夫：好的。我去问问。	Ranulph: OK. I will go and ask.

第二单元 美丽的校园

对话B Dialogue B

léi nà fū zài tú shū guǎn
雷 纳 夫 在 图 书 馆

léi nà fū nǐ hǎo wǒ men xué xiào tú shū guǎn yǒu zhè běn shū ma 雷纳夫：你好！我们学校图书馆有这本书吗？	Ranulph: Hello! Do we have this book in our school library?
tú shū guǎn rén yuán yǒu nǐ kě yǐ qù sān lóu zhǎo 图书馆人员：有。你可以去三楼找。	Library Staff: Yes. You may look for this book on the third floor.
léi nà fū hǎo de xiè xiè nǐ qǐng wèn zhè běn shū wǒ kě yǐ jiè duō cháng shí jiān 雷纳夫：好的。谢谢你！请问这本书我可以借多长时间？	Ranulph: OK. Thank you! How long can I keep this book, please?
tú shū guǎn rén yuán qǐng zài yī gè yuè zhī nèi guī huán 图书馆人员：请在一个月之内归还。	Library Staff: Please return the book within a month.
léi nà fū wǒ zhī dào le xiè xiè 雷纳夫：我知道了，谢谢！	Ranulph: I know. Thank you!
tú shū guǎn rén yuán bù kè qì 图书馆人员：不客气！	Library Staff: You are welcome!

语言点 Language Point

1. 从……借……

例句：

❖ léi nà fū cóng xué xiào tú shū guǎn jiè le yī běn shū
　雷纳夫从学校图书馆借了一本书。

❖ 我 从 体育 馆 借 了 一 个 篮球。

❖ 他 从 银 行 借 了 很 多 钱。

2. 本

例句：

❖ 我 买 了 两 本 书。

❖ 他 借 了 一 本 字 典。

❖ 桌 子 上 有 几 本 杂 志？

3. ……方面的＋名词

例句：

❖ 我 想 借 汉 语 学 习 方 面 的 书。

❖ 她 想 买 中 国 美 食 方 面 的 杂 志。

❖ 留 学 生 想 上 中 国 文 化 方 面 的 课。

4. 地方＋有……

例句：

❖ 图 书 馆 有 很 多 种 书。

❖ 学 校 有 一 些 留 学 生。

❖ 超 市 有 很 多 种 水 果。

5. 去＋地点＋动词……

例句：

❖ 你 可 以 去 图 书 馆 找 书。

第二单元　美丽的校园

❖ wǒ xiǎng qù xué xiào shí táng chī fàn
　我　想　去　学　校　食　堂　吃　饭。

❖ tā qù chāo shì mǎi shuǐ guǒ
　他　去　超　市　买　水　果。

6. 在……之内

例如：

❖ qǐng nín zài guī dìng de shí jiān zhī nèi huán shū
　请　您　在　规　定　的　时　间　之　内　还　书。

❖ mǎ lì zhǔn bèi zài yī gè yuè zhī nèi xué huì dǎ pīng pāng qiú
　玛　丽　准　备　在　一　个　月　之　内　学　会　打　乒　乓　球。

❖ wǒ zhǔn bèi zài jīn nián zhī nèi kàn wán wǔ běn shū
　我　准　备　在　今　年　之　内　看　完　五　本　书。

课后练习 Exercise

1. 填空 Fill in the Blanks

　　　　还　借　之内　书　方面　找

(1)请问这本书我什么时候(　　　)？

(2)请您在一周(　　　)还书。

(3)我买了很多汉语学习方面的(　　　)。

(4)请问您需要哪(　　　)的书？

(5)我正在(　　　)这本书。

(6)请问我可以在哪里(　　　)到这本书？

2. 词语排序 Put the Words in the Right Order

(1)书　借　一本　我　学校　从　图书馆。

(2)还　规定的时间　请　在　之内。

(3)可以　借　多长　我　时间？

(4)方面的　汉语　书　学习　图书馆　有　很多。

(5)找　三楼　你　书　这本　可以　去。

(6)或者　上网　查　图书馆　找　可以　你　去。

第七课　在图书馆

3. 补充词语 Extra Vocabulary

时长 shí cháng　Time Period

yī tiān 一 天 a day	yī zhōu　yī xīng qī 一 周（一 星 期） a week	yī gè yuè 一 个 月 a month	yī nián 一 年 a year

星期 xīng qī　A week

xīng qī yī 星 期 一 Monday	xīng qī èr 星 期 二 Tuesday	xīng qī sān 星 期 三 Wednesday	xīng qī sì 星 期 四 Thursday
xīng qī wǔ 星 期 五 Friday	xīng qī liù 星 期 六 Saturday	xīng qī rì　xīng qī tiān 星 期 日／星 期 天 Sunday	

◆ jīn tiān xīng qī jǐ
　今 天 星 期 几？

◆ yī gè xīng qī yǒu jǐ tiān
　一 个 星 期 有 几 天？

◆ yī nián yǒu jǐ gè yuè
　一 年 有 几 个 月？

◆ nǐ xīng qī jǐ shàng hàn yǔ kè
　你 星 期 几 上 汉 语 课？

◆ zhōng guó de guó qìng jié shì nǎ yī tiān
　中 国 的 国 庆 节 是 哪 一 天？

4. 口语问答 Ask and Answer

◆ nǐ zài xué xiào tú shū guǎn jiè guò shū ma　kě yǐ jiè duō jiǔ
　你 在 学 校 图 书 馆 借 过 书 吗？可 以 借 多 久？

◆ xué xiào tú shū guǎn shū de shù liàng duō ma　zhǒng lèi duō ma
　学 校 图 书 馆 书 的 数 量 多 吗？种 类 多 吗？

59

第二单元　美丽的校园

❖ 你喜欢去图书馆借哪一类书？

❖ 你觉得电子书和纸质书哪一种读起来比较方便？

❖ 你一年可以读几本书？

第八课 在操场

Lesson 8　On the Playground

> **课前问题 Question before the Text**

> xué xiào cāo chǎng shàng de xué shēng duō ma
> 学 校 操 场 上 的 学 生 多 吗？
> Are there many students on the school playground?

第二单元　美丽的校园

➢ nǐ jīng cháng qù cāo chǎng duàn liàn ma
　你 经 常 去 操 场 锻 炼 吗？
　Do you usually take exercises on the playground?

词汇与短语 Vocabulary and Phrase

dǎ
打　play(v.)

pīng pāng qiú
乒 乓 球　Ping Pang(n.)

jīn tiān
今 天　today(n.)

yī xiē
一 些　some(pron.)

liàn xí
练 习　practice(v.)

jīng cǎi
精 彩　wonderful(adj.)

yī qǐ
一 起　together(adv.)

biǎo yǎn
表 演　performance(n.)

kě shì
可 是　but(conj.)

shàng zhōu
上 周　last week

duàn liàn　yùn dòng
锻 炼、运 动　take exercises

yǔ máo qiú
羽 毛 球　badminton(n.)

lán qiú
篮 球　basketball(n.)

tiān qì
天 气　weather(n.)

qiú pāi
球 拍　racket(n.)

zǒu
走　walk(v.)

jiā rù
加 入　join(v.)

zhǔn bèi
准 备　prepare(v.)

zuò
做　do(v.)

shén me
什 么　what(pron.)

wǔ lóng
舞 龙　dragon dance

第八课 在 操 场

常用表达 Expression

jīn tiān tiān qì bù cuò 今 天 天 气 不 错 ！	It's a nice day today!
nǐ huì dǎ yǔ máo qiú ma 你 会 打 羽 毛 球 吗 ？	Can you play badminton?
kě shì wǒ méi yǒu qiú pāi 可 是 我 没 有 球 拍 。	But I don't have bedminton rackets.
wǒ jiè nǐ yī gè qiú pāi 我 借 你 一 个 球 拍 。	I lend you a racket.
wǒ men yī qǐ qù cāo chǎng dǎ yǔ 我 们 一 起 去 操 场 打 羽 máo qiú ba 毛 球 吧 ！	Let's go to play badminton on the playground!
wǒ hái xǐ huān dǎ lán qiú hé pīng 我 还 喜 欢 打 篮 球 和 乒 pāng qiú 乓 球 。	I also like playing basketball and Ping Pang.
wǒ xiǎng zuò yī xiē yùn dòng 我 想 做 一 些 运 动 。	I want to take some exercises.
nǐ men zài cāo chǎng zuò shén me 你 们 在 操 场 做 什 么 ？	What are you doing on the playground?
wǔ lóng biǎo yǎn hěn jīng cǎi 舞 龙 表 演 很 精 彩 ！	The performance of dragon dance is wonderful!
wǒ xǐ huān hěn duō zhǒng yùn dòng 我 喜 欢 很 多 种 运 动 。	I like many kinds of exercises.

63

第二单元　美丽的校园

对话 A Dialogue A

mǎ lì qù dǎ yǔ máo qiú
玛丽去打羽毛球

mǎ lì zǎo shàng hǎo　chén míng 玛丽：早上好！陈明。	Mary: Good morning! Chen Ming.
chén míng　zǎo　mǎ lì　jīn tiān tiān qì bù cuò　wǒ xiǎng zuò yī xiē yùn dòng 陈明：早！玛丽。今天天气不错！我想做一些运动。	Chen Ming: Morning! Mary. It's a nice day today! I want to take some exercises.
mǎ lì　nǐ huì dǎ yǔ máo qiú ma 玛丽：你会打羽毛球吗？	Mary: Can you play badminton?
chén míng　dāng rán huì　kě shì wǒ méi yǒu qiú pāi 陈明：当然会。可是我没有球拍。	Chen Ming: Of course. But I don't have badminton rackets.
mǎ lì　wǒ yǒu　wǒ shàng zhōu mǎi le yī fù yǔ máo qiú pāi　wǒ jiè nǐ yī gè qiú pāi　wǒ men yī qǐ qù cāo chǎng dǎ yǔ máo qiú ba 玛丽：我有。我上周买了一副羽毛球拍，我借你一个球拍。我们一起去操场打羽毛球吧！	Mary: I have. I bought a pair of badminton rackets last week and I can lend one racket to you. Let's go to play badminton on the playground!
chén míng　tài hǎo le　wǒ men zǒu ba 陈明：太好了！我们走吧！	Chen Ming: Great! Let's go!

第八课 在操场

对话 B　Dialogue B

留学生在操场相遇
liú xué shēng zài cāo chǎng xiāng yù

玛丽：陈明，你看！那些学生在操场做什么？	Mary: Chen Ming. Look! What are those students doing on the playground?
陈明：他们在练习舞龙。	Chen Ming: They are practicing the dragon dance.
玛丽：好精彩！看！雷纳夫也在舞龙。	Mary: How wonderful! look! Ranulph is practicing the dragon dance, too.
雷纳夫：嗨！玛丽！陈明！你们在操场做什么？	Ranulph: Hi! Mary and Chen Ming. What are you doing on the playground?
玛丽：嗨！雷纳夫！我和陈明准备打羽毛球。舞龙表演很精彩！	Mary: Hi! Ranulph. Chen Ming and I prepare to play badminton. The dragon dance is wonderful!
雷纳夫：谢谢！我还喜欢打篮球和乒乓球。我喜欢很多种运动。	Ranulph: Thank you! I also like playing basketball and Ping Pang. I like many kinds of exercises.

第二单元　美丽的校园

语言点 Language Point

1. 某人＋在＋地点＋做什么？

❖ 你们在操场做什么？
　nǐ men zài cāo chǎng zuò shén me

❖ 陈明在地铁站做什么？
　chén míng zài dì tiě zhàn zuò shén me

❖ 你在教室里做什么？
　nǐ zài jiào shì lǐ zuò shén me

2. 练习＋动词

例句：

❖ 留学生练习跳舞。
　liú xué shēng liàn xí tiào wǔ

❖ 玛丽练习打乒乓球。
　mǎ lì liàn xí dǎ pīng pāng qiú

❖ 我们练习打羽毛球。
　wǒ men liàn xí dǎ yǔ máo qiú

3. 打＋球类运动

例句：

❖ 陈明和玛丽正在打羽毛球。
　chén míng hé mǎ lì zhèng zài dǎ yǔ máo qiú

❖ 雷纳夫喜欢打篮球。
　léi nà fū xǐ huān dǎ lán qiú

❖ 我不喜欢打乒乓球。
　wǒ bù xǐ huān dǎ pīng pāng qiú

4. 可是……

例句：

❖ 我想打羽毛球，可是我没有球拍。
　wǒ xiǎng dǎ yǔ máo qiú kě shì wǒ méi yǒu qiú pāi

❖ 玛丽没有去过中国，可是她对中国很了解。
　mǎ lì méi yǒu qù guò zhōng guó kě shì tā duì zhōng guó hěn liǎo jiě

　　　　　tā shì měi guó rén kě shì tā de hàn yǔ hěn hǎo
❖ 她是美国人，可是她的汉语很好。

5. 准备＋去＋做事情

例句：

　　　　nǐ zhǔn bèi qù shàng kè ma
❖ 你准备去上课吗？

　　　　wǒ zhǔn bèi qù dǎ lán qiú
❖ 我准备去打篮球。

　　　　tā zhǔn bèi qù chī wǔ fàn
❖ 他准备去吃午饭。

6. 动词＋了

　　　　wǒ shàng zhōu mǎi le yī fù qiú pāi
❖ 我上周买了一副球拍。

　　　　nǐ zuó tiān qù le tú shū guǎn ma
❖ 你昨天去了图书馆吗？

　　　　liú xué shēng xué le hěn duō hàn yǔ shēng cí
❖ 留学生学了很多汉语生词。

课后练习 Exercise

1. 填空 Fill in the Blanks

乒乓球　　一些　　天气　　操场　　练习　　加入

(1) 留学生在中国要（　　）说汉语。

(2) 雷纳夫很喜欢打（　　）。

(3) 我也喜欢打篮球，我可以（　　）你们吗？

(4) 她昨天买了（　　）水果。

(5) 我看见留学生在（　　）舞龙。

(6) 今天的（　　）真不错！

2. 词语排序 Put the Words in the Right Order

(1) 买了　球拍　一副　我。

(2) 陈明　做运动　准备　今天。

(3) 玛丽　打　和　雷纳夫　一起　羽毛球。

第二单元　美丽的校园

(4) 精彩　非常　表演　舞龙！

(5) 篮球　打　阿里　也　喜欢。

(6) 种　很多　喜欢　雷纳夫　运动。

3. 补充词汇 Extra Vocabulary

天气 tiān qì weather

qíng 晴	yīn 阴	guā fēng 刮风	xià yǔ 下雨
sunny	cloudy	windy	rainy
xià xuě 下雪	rè 热	lěng 冷	cháo shī 潮湿
snowy	hot	cold	humid

❖ 今天天气怎么样？ (jīn tiān tiān qì zěn me yàng)

❖ 你喜欢晴天还是雨天？ (nǐ xǐ huān qíng tiān hái shì yǔ tiān)

❖ 以上天气你都经历过吗？ (yǐ shàng tiān qì nǐ dōu jīng lì guò ma)

❖ 在中国你见过雪吗？ (zài zhōng guó nǐ jiàn guò xuě ma)

❖ 在你的国家经常下雨吗？ (zài nǐ de guó jiā jīng cháng xià yǔ ma)

4. 口语问答 Ask and Answer

❖ 你见过舞龙表演吗？什么时候有舞龙表演？ (nǐ jiàn guò wǔ lóng biǎo yǎn ma shén me shí hòu yǒu wǔ lóng biǎo yǎn)

❖ 你喜欢做什么运动？在你的国家，人们一般喜欢做什么运动？ (nǐ xǐ huān zuò shén me yùn dòng zài nǐ de guó jiā rén men yī bān xǐ huān zuò shén me yùn dòng)

❖ 你会打乒乓球吗？ (nǐ huì dǎ pīng pāng qiú ma)

❖ 你喜欢和中国同学一起锻炼吗？ (nǐ xǐ huān hé zhōng guó tóng xué yī qǐ duàn liàn ma)

第九课　汉语的声调

第三单元　趣味汉语

Unit 3　Interesting Chinese

第三单元 趣味汉语

第九课　汉语的声调

Lesson 9　Chinese Tones

课前问题 Question before the Text

> hàn yǔ de fā yīn yī gòng yǒu jǐ gè shēng diào
> 汉语的发音一共有几个声调？
> How many tones in Chinese pronunciation?

第九课　汉语的声调

> nǐ néng dú zhǔn měi yī gè shēng diào ma
> 你 能 读 准 每 一 个 声 调 吗？
> Can you read each tone exactly?

词汇与短语 Vocabulary and Phrase

wèn
问　ask(v.)

wèn tí
问 题　question(n.)

shuō huà
说 话　speak(v.)

tīng
听　listen(v.)

cuò
错　wrong(adj.)

jù zi
句 子　sentence(n.)

gān gà
尴 尬　embarrassed(adj.)

yǒu shí
有 时　sometimes

shēng bìng
生 病　be sick

yuán lái
原 来　turn out that

fā yīn
发 音　pronunciation(n.)

shēng diào
声 调　tone(n.)

yuè dú
阅 读　read(v.)

qū fēn
区 分　distinguish(v.)

què
却　but(conj.)

wěn
吻　kiss(v.)

hǎo xiàng
好 像　seem(v.)

xiào yī wù shì
校 医 务 室　school clinic

bǐ rú
比 如　for example

第三单元　趣味汉语

常用表达 Expression

wǒ xiǎng wèn nǐ yī gè wèn tí 我 想 问 你 一 个 问 题。	I would like to ask you a question.
yǒu shí hòu wǒ huì dú cuò hàn yǔ shēng diào 有 时 候 我 会 读 错 汉 语 声 调。	Sometimes I mispronounce the Chinese tones.
nǐ néng tīng chū qū bié ma 你 能 听 出 区 别 吗？	Can you hear the difference?
wǒ de fā yīn hǎo xiàng shì cuò de 我 的 发 音 好 像 是 错 的。	My pronunciation seems wrong.
tā bù zhī dào xué xiào yī wù shì zài nǎ lǐ 他 不 知 道 学 校 医 务 室 在 哪 里？	He did not know where the school clinic was?
bǐ rú shuō 比 如 说？	For example?
tā kàn qǐ lái hěn gān gà 她 看 起 来 很 尴 尬。	She looked very embarrassed.
yuán lái yuē hàn shuō cuò le 原 来 约 翰 说 错 了。	It turns out that John mispronounces Chinese.
yuē hàn zhǐ shuō le liǎng jù hàn yǔ 约 翰 只 说 了 两 句 汉 语。	John only said two Chinese sentences.

对话 A　Dialogue A

yuē hàn wèn chén míng fā yīn wèn tí
约 翰 问 陈 明 发 音 问 题

yuē hàn zǎo chén míng wǒ xiǎng 约 翰：早！陈 明。我 想 wèn nǐ yī gè hàn yǔ fā yīn wèn tí 问 你 一 个 汉 语 发 音 问 题。 nǐ xiàn zài yǒu kòng ma 你 现 在 有 空 吗？	John：Morning！Chen Ming.I would like to ask you a question of Chinese pronunciation.Do you have time now?
chén míng nǐ shuō ba 陈 明：你 说 吧。	Chen Ming：Go ahead，please.

72

第九课　汉语的声调

约翰：我在课堂上学了汉语的四个声调，可是有时候我会读错三声和四声。	John: I have learned four Chinese tones in my class, but sometimes I mispronounce the third and the fourth tone.
陈明：你能区分出汉语的三声和四声吗？	Chen Ming: Can you distinguish the third and the fourth tone in Chinese?
约翰：能。可是我的发音好像是错的。	John: Yes. But my pronunciation seems wrong.
陈明：比如说？	Chen Ming: For example?
约翰：……	John:...

对话B　Dialogue B

约翰说错了

约翰生病了。他想去学校医务室，可是他不知道医务室在哪里。正巧，有一位女同学走过来。约翰问她："你好！我想问你……"约翰只说了两句汉语，女同学却看起来很尴尬。原来，约翰说错了。这个女同学听到的是，"你好！我想吻你……"

第三单元　趣味汉语

> John was sick. He was going to the school clinic, but he didn't know where the school clinic was. A girl happened to come, and John asked: "Hello! I would like to ask…" John only said two Chinese sentences, but the girl seemed very embarrassed. It turned out that John mispronounced Chinese. What the girl heard is that I would like to kiss you.

语言点 Language Point

1. 问＋某人＋问题

例句：

❖ yuē hàn wèn chén míng yī gè wèn tí
　约翰问陈明一个问题。

❖ chén míng wèn mǎ lì yīng yǔ xué xí de wèn tí
　陈明问玛丽英语学习的问题。

❖ nǐ xiǎng wèn wǒ shén me wèn tí
　你想问我什么问题？

2. 某人＋动词＋吧

例句：

❖ nǐ shuō ba
　你说吧！

❖ wǒ qù ba
　我去吧！

❖ nǐ men lái ba
　你们来吧！

3. 某人＋有……吗？

例句：

❖ yuē hàn míng tiān yǒu shí jiān ma
　约翰明天有时间吗？

❖ nǐ yǒu wèn tí ma
　你有问题吗？

❖ tā yǒu nǚ péng yǒu ma
　他有女朋友吗？

第九课　汉语的声调

4. 某人＋有时＋动词

例句：

❖ 我有时喜欢运动。

❖ 她有时打羽毛球。

❖ 约翰喜欢说汉语，但是他有时会说错。

5. ……和……的区别

例句：

❖ 留学生能听出汉语三声和四声的区别吗？

❖ 你知道汉语"你"和"您"的区别吗？

❖ 他没吃过，所以不知道饺子和馄饨的区别。

6. 某人＋看起来

例句：

❖ 你看起来有点紧张。

❖ 她看起来很尴尬。

❖ 他们看起来开心吗？

第三单元　趣味汉语

课后练习 Exercise

1. 填空 Fill in the Blanks

问题　　发音　　有时候　　医务室　　错　　区别

(1)留学生正在学习汉语的(　　　)。

(2)玛丽有时候喜欢游泳,(　　　)喜欢打乒乓球。

(3)我可以问你一个(　　　)吗?

(4)她生病了,想去学校的(　　　)。

(5)因为我的汉语说(　　　)了,所以中国学生没有听懂。

(6)这两句话的意思有(　　　)吗?

2. 词语排序 Put the Words in the Right Order

(1)有　问题　一个　我　方面的　汉语学习。

(2)教室　去　准备　今天　我。

(3)只　两句话　说　了　我。

(4)不知道　医务室　在　他　哪里。

(5)留学生　区别　的　两个生词　这　知道。

(6)说　原来　我　错了。

3. 补充词语 Extra Vocabulary

hàn yǔ
汉　语　Chinese

pīn yīn 拼 音 Chinese phonetic alphabet	shēng diào 声 调 tone	shēng mǔ 声 母 initial consonant	yùn mǔ 韵 母 vowel
hàn zì 汉 字 Chinese characters	shēng cí 生 词 vocabulary	yǔ fǎ 语 法 grammar	jù zi 句 子 sentence

❖ 你会读汉语拼音的声母和韵母吗?
（nǐ huì dú hàn yǔ pīn yīn de shēng mǔ hé yùn mǔ ma）

❖ 汉语拼音中有多少个声母和韵母?
（hàn yǔ pīn yīn zhōng yǒu duō shǎo gè shēng mǔ hé yùn mǔ）

第九课　汉语的声调

❖ 你学过多少个汉语生词？
❖ 你会说多少个汉语句子？

4. 口语问答 Ask and Answer

❖ 你觉得自己的汉语发音准确吗？
❖ 你觉得汉语难说吗？
❖ 你觉得汉语的语法难学吗？
❖ 汉字难写吗？你学过的汉字中哪个字最难写？
❖ 你会写多少个汉语句子？

第三单元　趣味汉语

第十课　汉字的意思

Lesson 10　The Meaning of Chinese Characters

课前问题 Question before the Text

> nǐ xué huì le duō shǎo hàn zì
> 你 学 会 了 多 少 汉 字？
> How many Chinese characters have you learned?

第十课　汉字的意思

> nǐ xué huì le duō shǎo cí yǔ
> 你学会了多少词语？

How many Chinese vocabularies have you learned?

词汇与短语 Vocabulary and Phrase

hàn zì
汉字 Chinese characters(n.)

chá
查 look up(v.)

yǒu qù
有趣 interesting(adj.)

mén
门 door(n.)

biǎo dá
表达 expression(n.)

xiào huà
笑话 joke(n.)

shāng diàn
商店 store(n.)

liú lián
榴莲 durian(n.)

pú táo
葡萄 grape(n.)

gěi
给 give(v.)

jué de
觉得 feel(v.)

quē
缺 lack(v.)

jǔ gè lì zi
举个例子 for example

yì sī
意思 meaning(n.)

zì diǎn
字典 dictionary(n.)

kāi
开 open(v.)

bù tóng
不同 different(adj.)

biàn chéng
变成 become(v.)

lì zi
例子 example(n.)

shuǐ guǒ
水果 fruit(n.)

máng guǒ
杧果 mango(n.)

líng qián
零钱 change(n.)

mài
卖 sell(v.)

wèi shén me
为什么 why(adv.)

kāi shuǐ
开水 boiling water

79

第三单元　趣味汉语

常用表达 Expression

wǒ zài chá hàn yǔ zì diǎn 我在查汉语字典。	I am looking up the Chinese dictionary.
wǒ jué de hàn zì què shí yǒu qù 我觉得汉字确实有趣。	I feel that Chinese characters are interesting indeed.
zhè liǎng gè cí yǔ de yì sī bù tóng 这两个词语的意思不同。	The meaning of these two words are different.
nǐ néng gěi wǒ jǔ gè lì zǐ ma 你能给我举个例子吗？	Can you give me an example?
wèi shén me 为什么？	Why?
tā qù shāng diàn mǎi shuǐ guǒ 她去商店买水果。	She goes to buy some fruits in the shop.
yī gòng xū yào kuài máo 一共需要 36 块 7 毛。	The total is 36 Kuai and 7 Mao.
tā bǎ zì jǐ de líng qián dōu gěi le mài shuǐ guǒ de rén 他把自己的零钱都给了卖水果的人。	He gives all his change to the fruit seller.

对话 A　Dialogue A

ā lǐ wèn chén míng hàn zì de yì sī
阿里问陈明汉字的意思

ā lǐ nǐ hǎo chén míng 阿里：你好！陈明。	Ali: Hello! Chen Ming.

第十课 汉字的意思

陈明：你好！阿里。你在查汉语字典吗？	Chen Ming: Hello! Ali. Are you looking up the Chinese dictionary?
阿里：是的。我觉得汉字确实有趣。比如，"开"字在"开水"和"开心"两个词语中意思不同。	Ali: Yes. I feel that Chinese characters are interesting indeed. For example, the Chinese character "kai" has different meanings in "boiling water" and "happy".
陈明：是的。一个汉字可以有很多意思。	Chen Ming: Yes. A Chinese character may have many meanings.
阿里：因为同一个汉字有不同的意思，我的汉语表达有时候变成了笑话。	Ali: Because a Chinese character has different meanings, my Chinese expressions sometimes become jokes.
陈明：为什么？你能给我举个例子吗？	Chen Ming: Why? Can you give me an example?
阿里：……	Ali: …

81

第三单元 趣味汉语

对话B Dialogue B

ā lǐ mǎi dōng xī
阿里买东西

阿里 qù shāng diàn mǎi shuǐ guǒ， tā mǎi le liú lián、máng guǒ hé
阿里去商店买水果。他买了榴莲、杧果和
pú táo， yī gòng xū yào 36 kuài 7 máo。 tā bǎ zì jǐ de líng qián dōu
葡萄，一共需要36块7毛。他把自己的零钱都
gěi le mài shuǐ guǒ de rén， kě shì hái quē yī máo qián。 ā lǐ shuō，
给了卖水果的人，可是还缺一毛钱。阿里说，
wǒ de máo dōu gěi nǐ le！ wǒ méi yǒu máo le
"我的毛都给你了！我没有毛了……"

Ali went to buy some fruits in the shop. He bought some durians, mangoes and grapes and he needed to pay 36 Kuai and 7 Mao totally for these fruits. He gave all his change to the fruit seller, but still lacked 1 Mao. Ali said, "I have given all my Mao to you, and I have no Mao…"

注释
"毛"在汉语中可以指钱的单位，也可以指身体的毛发。

Notes
Mao refers to hair or fur, and also refers to the standard unit of money in Chinese.

语言点 Language Point

1. 查+名词

例句：

❖ yuē hàn zhèng zài chá zì diǎn
   约翰正在查字典。

❖ wǒ zài tú shū guǎn chá zī liào
   我在图书馆查资料。

❖ nǐ xiǎng chá shén me xìn xī
   你想查什么信息？

第十课　汉字的意思

2. 我觉得……

例句：

❖ 我觉得汉字确实有趣。
  wǒ jué de hàn zì què shí yǒu qù

❖ 我觉得你的汉字写得很好。
  wǒ jué de nǐ de hàn zì xiě de hěn hǎo

❖ 我觉得今天天气不错。
  wǒ jué de jīn tiān tiān qì bù cuò

3. 在……中

例句：

❖ 这个汉字在两个词语中意思不同。
  zhè gè hàn zì zài liǎng gè cí yǔ zhōng yì sī bù tóng

❖ 你的朋友在这些留学生中吗？
  nǐ de péng yǒu zài zhè xiē liú xué shēng zhōng ma

❖ 在这些水果中，你最喜欢吃哪一种？
  zài zhè xiē shuǐ guǒ zhōng nǐ zuì xǐ huān chī nǎ yī zhǒng

4. 某人＋去＋地点＋动词

例句：

❖ 我去商店买水果。
  wǒ qù shāng diàn mǎi shuǐ guǒ

❖ 她有时候去操场打羽毛球。
  tā yǒu shí hòu qù cāo chǎng dǎ yǔ máo qiú

❖ 约翰去学校图书馆查资料。
  yuē hàn qù xué xiào tú shū guǎn chá zī liào

5. 把＋名词＋动词

例句：

❖ 我把零钱都给你了。
  wǒ bǎ líng qián dōu gěi nǐ le

❖ 你把东西放好。
  nǐ bǎ dōng xī fàng hǎo

❖ 他把门关了。
  tā bǎ mén guān le

第三单元　趣味汉语

6. 给＋某人＋名词

例句：

❖ 你给我一个羽毛球拍吧。
　nǐ gěi wǒ yī gè yǔ máo qiú pāi ba

❖ 她给留学生很多汉语书。
　tā gěi liú xué shēng hěn duō hàn yǔ shū

❖ 阿里给陈明一些榴莲和杧果。
　ā lǐ gěi chén míng yī xiē liú lián hé máng guǒ

课后练习 Exercise

1. 填空 Fill in the Blanks

字典　　有趣　　不同　　例子　　商店　　给　　觉得

(1)老师(　　)留学生一本汉语(　　)。

(2)玛丽觉得打羽毛球很(　　)。

(3)我想去(　　)买一些水果。

(4)我没明白,你能给我举个(　　)吗?

(5)我(　　)我的表达是错的。

(6)这两句话的意思(　　)。

2. 词语排序 Put the Words in the Right Order

(1)给　卖水果的人　把　我　自己的零钱　了。

(2)老师　我　给　字典　一本。

(3)汉字　一个　有　意思　不同的。

(4)一块钱　还　差。

(5)觉得　区别　有　两个生词　这　你　吗?

(6)笑话　这　是　一个。

3. 补充词语 Extra Vocabulary

yǔ yán jì néng
语 言 技 能 Language Skill

tīng 听 listening	shuō 说 speaking	dú 读 reading	xiě 写 writing
fān yì 翻 译 translating	shì yì 释 义 paraphrasing	jì shēng cí 记 生 词 reciting new words	zào jù 造 句 making up sentences

❖ 你觉得汉语的听、说、读、写哪一个比较难？

❖ 你会把汉语翻译成你们国家的语言吗？

❖ 你会用汉语中的生词造句吗？

❖ 你会改写一些汉语句子吗？

4. 口语问答 Ask and Answer

❖ 你觉得汉字难学吗？为什么？

❖ 汉语和你们国家的语言相比有哪些不同？

❖ 你有过错误的汉语表达吗？请举个例子。

❖ 如果你说错了，你会怎么做？

❖ 生活中谁是你的汉语老师？

第三单元　趣味汉语

第十一课　谈　日　期

Lesson 11　Talking about Dates

课前问题　Question before the Text

> nǐ huì yòng hàn yǔ biǎo dá rì qī ma
> 你 会 用 汉 语 表 达 日 期 吗？
> Can you express the date in Chinese?

> nǐ de shēng rì shì nǎ yī tiān
> 你 的 生 日 是 哪 一 天？
> Which day is your birthday?

词汇与短语 Vocabulary and Phrase

tiān
天 day(n.)

rì qī
日 期 date(n.)

jīn tiān
今 天 today(n.)

shēng rì
生 日 birthday(n.)

qìng zhù
庆 祝 celebrate(v.)

jié rì
节 日 festival(n.)

jiā
家 home(n.)

tán
谈 talk about

méi xiǎng dào
没 想 到 not expect

shēng rì kuài lè
生 日 快 乐！Happy birthday!

biǎo dá
表 达 express(v.)

zhī dào
知 道 know(v.)

míng tiān
明 天 tomorrow(n.)

wèi
为 for(prep.)

zhǔ yì
主 意 idea(n.)

dàn gāo
蛋 糕 cake(n.)

lǐ wù
礼 物 gift(n.)

guó qìng jié
国 庆 节 National Day

tóng yī tiān
同 一 天 the same day

第三单元　趣味汉语

常用表达 Expression

jīn tiān shì jǐ hào 今 天 是 几 号 ？	What's the date today?
jīn tiān shì　　　 nián　 yuè　　 rì 今 天 是 2021 年 9 月 30 日 。	Today is September 30th, 2021.
míng tiān shì chén míng de shēng rì 明 天 是 陈 明 的 生 日 。	Tomorrow is Chen Ming's birthday.
míng tiān yě shì guó qìng jié 明 天 也 是 国 庆 节 。	Tomorrow is also National Day.
wǒ men yào gěi chén míng mǎi yī gè 我 们 要 给 陈 明 买 一 个 dà dàn gāo 大 蛋 糕 。	We will buy a big cake for Chen Ming.
zhù nǐ shēng rì kuài lè 祝 你 生 日 快 乐 ！	Wish you a happy birthday!
nǐ men zěn me zhī dào 你 们 怎 么 知 道 ？	How do you know?
wǒ de shēng rì hé guó qìng jié shì 我 的 生 日 和 国 庆 节 是 tóng yī tiān 同 一 天 。	My birthday and National Day are on the same day.

对话 A　Dialogue A

léi nà fū hé yuē hàn tán rì qī
雷 纳 夫 和 约 翰 谈 日 期

léi nà fū　　 yuē hàn　　 nǐ zhī dào jīn tiān 雷 纳 夫 : 约 翰 。你 知 道 今 天 shì jǐ hào ma 是 几 号 吗 ？	Ranulph: John. Do you know what date it is today?

第十一课 谈日期

约翰：今天是 2021 年 9 月 30 日。	John: Today is September 30th, 2021.
雷纳夫：明天是陈明的生日，我们一起去他家为他庆祝生日，好吗？	Ranulph: Tomorrow is Chen Ming's birthday. Shall we go to his house and celebrate his birthday?
约翰：好主意！真巧！10 月 1 日既是陈明的生日，又是中国的国庆节。我们一起庆祝这两个节日吧！	John: Good idea! What a coincidence! October 1st is not only Chen Ming's birthday, but also Chinese National Day. Let's celebrate the two festivals together!
雷纳夫：好！明天我们要给陈明买一个大蛋糕。	Ranulph: Great! We will buy a big cake for Chen Ming tomorrow.

对话 B　Dialogue B

雷纳夫和约翰为陈明庆祝生日

雷纳夫、约翰：陈明在家吗？	Ranulph, John: Is Chen Ming at home?

第三单元　趣味汉语

chén míng　nǐ men hǎo　yuē hàn　léi 陈　明：你们好！约翰！雷 nà fū　wǒ zhēn méi xiǎng dào nǐ men 纳　夫！我真没想到你们 huì lái wǒ jiā　huān yíng 会来我家。欢迎！	Chen Ming：Hello! John and Ranulph. I really don't expect that you come to my home. Welcome！
léi nà fū　chén míng　jīn tiān shì 雷纳夫：陈　明，今天是 10 yuè　rì shì nǐ de shēng rì　zhù nǐ 月 1 日，是你的生日。祝你 shēng rì kuài lè 生日快乐！	Ranulph：Chen Ming. Today is October 1st. It is your birthday! Happy birthday！
yuē hàn　shēng rì kuài lè　chén míng 约翰：生日快乐！陈　明。 zhè shì nǐ de shēng rì lǐ wù 这是你的生日礼物。	John：Happy birthday! Chen Ming. This is your birthday gift.
chén míng　xiè xiè nǐ men　nǐ men 陈　明：谢谢你们！你们 zěn me zhī dào jīn tiān shì wǒ de 怎么知道今天是我的 shēng rì 生日？	Chen Ming：Thank you！ How do you know today is my birthday?
léi nà fū　nǐ gēn wǒ shuō guò nǐ de 雷纳夫：你跟我说过你的 shēng rì hé guó qìng jié shì tóng 生日和国庆节是同 yī tiān 一天。	Ranulph：You've told me that your birthday and Chinese National Day are on the same day.

语言点 Language Point

1. 今天是几号

例句：

❖ qǐng wèn jīn tiān shì jǐ hào
　请　问　今　天　是　几　号？

第十一课 谈日期

❖ 你知道今天是几号吗？

❖ 谁知道今天是几号？

2. 今天是……年……月……日

例句：

❖ 今天是2021年10月1日，今天是国庆节。

❖ 今天是2021年9月10日，今天是教师节。

❖ 今天是2021年6月1日，今天是儿童节。

3. 为＋某人＋动词

例句：

❖ 我们一起为陈明庆祝生日。

❖ 老师为留学生准备了很多汉语书。

❖ 我为你买了很多水果。

4. 某人＋要＋动词

例句：

❖ 她要去商店买水果。

❖ 约翰要给陈明庆祝生日。

❖ 我们要给你买一个蛋糕。

5. 某人＋没想到……

例句：

第三单元 趣味汉语

<pre>
   wǒ méi xiǎng dào nǐ men huì lái
</pre>
❖ 我没想到你们会来。

<pre>
   wǒ men méi xiǎng dào liú xué shēng huì shuō hàn yǔ
</pre>
❖ 我们没想到留学生会说汉语。

<pre>
   tā méi xiǎng dào huǒ guō fēi cháng là
</pre>
❖ 他没想到火锅非常辣。

6. 某人＋怎么知道

例句：

<pre>
   nǐ zěn me zhī dào jīn tiān shì wǒ de shēng rì
</pre>
❖ 你怎么知道今天是我的生日？

<pre>
   tā zěn me zhī dào nǐ huì dǎ pīng pāng qiú
</pre>
❖ 她怎么知道你会打乒乓球？

<pre>
   nǐ men zěn me zhī dào tā men shì liú xué shēng
</pre>
❖ 你们怎么知道他们是留学生？

7. 既……又……

例句：

<pre>
   jīn tiān jì shì guó qìng jié yòu shì wǒ de shēng rì
</pre>
❖ 今天既是国庆节，又是我的生日。

<pre>
   yuē hàn jì xǐ huān dǎ lán qiú yòu xǐ huān dǎ yǔ máo qiú
</pre>
❖ 约翰既喜欢打篮球，又喜欢打羽毛球。

<pre>
   liú xué shēng jì yào xué yǔ yán yòu yào xué wén huà
</pre>
❖ 留学生既要学语言，又要学文化。

课后练习 Exercise

1. 填空 Fill in the Blanks

知道　　明天　　庆祝　　主意　　又　　怎么

(1) 今天是我的生日，你一定会来为我（　　　　）。

(2) 这是一个好（　　　　）。

(3) 我们（　　　　）要去朋友家。

(4) 今天既是陈明的生日，（　　　　）是国庆节。

(5) 你（　　　）这件事情吗？

(6) 你（　　　）知道今天是国庆节？

2. 词语排序 Put the Words in the Right Order

(1) 生日　今天　的　我　是。

(2) 国庆节　明天　吗　是？

(3) 一起　我们　庆祝　节日　两个　这。

(4) 一个　有　我　好主意。

(5) 没想到　我　会　来　你们　我家。

(6) 庆祝　我们　给　陈明　要　生日。

3. 补充词语 Extra Vocabulary

祝福语 Blessing Sentences

xīn nián kuài lè 新 年 快 乐！ Happy New Year!	chūn jié kuài lè 春 节 快 乐！ Happy Spring Festival!	xīn hūn kuài lè 新 婚 快 乐！ Happy wedding!	shēng rì kuài lè 生 日 快 乐！ Happy birthday!

❖ 朋友结婚，你要说什么祝福语？

❖ 朋友过生日，你要说什么祝福语？

❖ 今天是春节，你要对中国朋友说什么？

❖ 今天是2021年1月1日，你要对朋友说什么？

4. 口语问答 Ask and Answer

❖ 你参加过朋友的生日会吗？你准备了什么礼物？

第三单元　趣味汉语

- ❖ 中国的国庆节是哪一天？你们国家的国庆日是哪一天？

- ❖ 你去过中国朋友的家吗？和你的家一样吗？

- ❖ 如果你要为一位中国朋友准备结婚礼物，你会准备什么？

第十二课 谈天气

Lesson 12　Talking about Weather

> 课前问题 Question before the Text

> nǐ huì yòng hàn yǔ biǎo dá tiān qì ma
> ➢ 你 会 用 汉 语 表 达 天 气 吗？
> Can you express the weather in Chinese?

第三单元　趣味汉语

> nǐ zuì xǐ huān zhōng guó de nǎ yī gè jì jié
> 你最喜欢中国的哪一个季节？
> Which season do you like best in China?

词汇与短语 Vocabulary and Phrase

lěng
冷　cold(adj.)

tiān qì
天气　weather(n.)

qì wēn
气温　temperature(n.)

xià yǔ
下雨　rain(v.)

xià xuě
下雪　snow(v.)

jīng lì
经历　experience(v.)

wài miàn
外面　outside(n.)

wēn nuǎn
温暖　warm(adj.)

dōng tiān
冬天　winter(n.)

yǐ qián
以前　before(adv.)

dì yī cì
第一次　the first time

líng xià
零下　below zero

zhēn
真　really(adv.)

yù bào
预报　forecast(n.)

shè shì dù
摄氏度　centigrade(n.)

dī
低　low(adj.)

píng jūn
平均　average(adj.)

fáng jiān
房间　room(n.)

nuǎn qì
暖气　heating(n.)

gān zào
干燥　dry(adj.)

xiàn zài
现在　now(adv.)

shēng wēn
升温　temperature rise

duī xuě rén
堆雪人　make a snowman

第十二课 谈天气

常用表达 Expression

jīn tiān zhēn lěng ā 今 天 真 冷 啊！	How cold it is today!
xiàn zài shì dōng tiān 现 在 是 冬 天 。	It is winter now.
tiān qì yù bào shuō jīn tiān de qì wēn shì 天气预报 说 今 天 的 气 温 是 　　shè shì dù 8 摄 氏 度 。	The weather forecast says it is 8℃ today.
míng tiān qì wēn huì gèng dī 明 天 气 温 会 更 低 。	The temperature will be much lower tomorrow.
tiān qì yuè lái yuè lěng le 天 气 越 来 越 冷 了 。	It is getting colder and colder.
wǒ yǐ qián qù guò hā ěr bīn 我 以 前 去 过 哈 尔 滨 。	I have been to Harbin before.
hā ěr bīn de tiān qì bǐ shàng hǎi de tiān 哈 尔 滨 的 天 气 比 上 海 的 天 qì gān zào 气 干 燥 。	The weather of Harbin is much drier than that of Shanghai.
shì nèi wēn dù hěn gāo 室 内 温 度 很 高 。	The room temperature is very high.

对话 A　Dialogue A

ā lǐ dì yī cì jīng lì běi jīng de dōng tiān
阿 里 第 一 次 经 历 北 京 的 冬 天

ā lǐ yuē hàn jīn tiān zhēn lěng ā 阿里：约翰，今 天 真 冷 啊！	Ali: John. How cold it is today!

• 97 •

第三单元　趣味汉语

约翰：是啊。天气预报说今天的气温是8摄氏度。今天比昨天低5度。	John：Yes. The weather forecast says it is 8℃ today. Today's temperature is 5 degrees lower than yesterday's.
阿里：明天天气怎么样？	Ali：What's the weather going to be tomorrow?
约翰：明天要下雨，气温会更低。	John：It's going to rain tomorrow. The temperature will be much lower.
阿里：周末呢？会升温吗？	Ali：How is the temperature on the weekend? Is it going to be higher?
约翰：不会。周末有可能会下雪。现在是冬天。	John：No. It's going to snow on the weekend. It is winter now.
阿里：这是我第一次经历北京的冬天。天气真是越来越冷了。	Ali：This is my first time to experience the winter of Beijing. It is really getting colder and colder.

对话B　Dialogue B

约翰去过哈尔滨

约翰：玛丽，你去过哈尔滨吗？	John：Mary. Have you ever been to Harbin?

第十二课　谈天气

玛丽：没有。我听说这个地方冬天的平均温度是零下20摄氏度。约翰，你去过那里吗？	Mary: No. I heard that this place's average temperature is 20 degrees below zero. Have you ever been there, John?
约翰：我以前去过哈尔滨。冬天外面虽然冷，但是房间里面有暖气，所以室内温度很高。哈尔滨的天气比上海的天气干燥。	John: I have been to Harbin before. It is cold outside in winter, but there is heating system in the room, so the room temperature is very high. The weather of Harbin is much drier than that of Shanghai.
玛丽：我也很想去。我非常喜欢堆雪人。	Mary: I'd love to go there, too. I like making a snowman very much.

语言点 Language Point

1. A 比 B ＋ 形容词 ＋ 数量

例句：

❖ 今天的气温比昨天的气温低5度。

❖ 房间里面的温度比房间外面的高10度。

❖ 老师的年龄比学生的年龄大15岁。

第三单元　趣味汉语

2. 更＋形容词

例句：

❖ 今天的气温比昨天的更低。

❖ 明天的气温比今天的更高。

❖ 玛丽的汉语比我的更好。

3. ……怎么样

例句：

❖ 今天的天气怎么样？

❖ 学校的生活怎么样？

❖ 你的汉语学习怎么样？

4. ……有可能＋动词

例句：

❖ 明天有可能下雪。

❖ 我有可能做错了。

❖ 陈明有可能去操场了。

5. ……＋越来越＋形容词

例句：

❖ 她越来越开心。

❖ 天气越来越冷。

❖ 留学生们的汉语越来越好了。

6. 某人＋听说……

例句：

wǒ tīng shuō nǐ qù le hā ěr bīn
❖ 我 听 说 你 去 了 哈 尔 滨。

wǒ men tīng shuō hàn yǔ bù nán xué
❖ 我 们 听 说 汉 语 不 难 学。

tā tīng shuō míng tiān yào xià yǔ
❖ 他 听 说 明 天 要 下 雨。

7. 去过＋地点

例句：

nǐ qù guò shàng hǎi ma
❖ 你 去 过 上 海 吗？

wǒ qù guò zhōng guó
❖ 我 去 过 中 国。

liú xué shēng men qù guò xué xiào fù jìn de chāo shì
❖ 留 学 生 们 去 过 学 校 附 近 的 超 市。

课后练习 Exercise

1. 填空 Fill in the Blanks

冷　　预报　　真　　低　　摄氏度　　有可能

(1) 今天的天气（　　）热啊！

(2) 明天的天气会更（　　）。

(3) 今天的气温是零（　　）。

(4) 明天（　　）下雪。

(5) 哈尔滨的气温比上海的（　　）。

(6) 天气（　　）说今天是晴天。

2. 词语排序 Put the Words in the Right Order

(1) 地方　气温　的　平均　这个　是　5　摄氏度。

(2) 明天的　比　吗　今天的　温度　低？

(3) 有　暖气　房间里　的　哈尔滨。

(4) 上海　去过　吗　你？

(5) 越来越　天气　冷　了。

(6) 堆雪人　都　喜欢　我们。

第三单元 趣味汉语

3. 补充词语 Extra Vocabulary

四季 (sì jì) Four Seasons

春季 (chūn jì) spring	夏季 (xià jì) summer	秋季 (qiū jì) autumn	冬季 (dōng jì) winter
3月到5月 from March to May	6月到8月 from June to August	9月到11月 from September to November	12月到1月 from December to January

❖ 中国有几个季节？你的国家有几个季节？
(zhōng guó yǒu jǐ gè jì jié？nǐ de guó jiā yǒu jǐ gè jì jié？)

❖ 一个季节有几个月？
(yī gè jì jié yǒu jǐ gè yuè？)

❖ 哪个季节你可能看到雪？哪个季节最热？
(nǎ gè jì jié nǐ kě néng kàn dào xuě？nǎ gè jì jié zuì rè？)

❖ 你最喜欢中国的哪个季节？为什么？
(nǐ zuì xǐ huān zhōng guó de nǎ gè jì jié？wèi shén me？)

4. 口语问答 Ask and Answer

❖ 你的国家的气候如何？
(nǐ de guó jiā de qì hòu rú hé？)

❖ 你知道中国的春节是在哪个季节吗？
(nǐ zhī dào zhōng guó de chūn jié shì zài nǎ gè jì jié ma？)

❖ 在你住的地方，气温最低是多少？最高是多少？
(zài nǐ zhù de dì fāng，qì wēn zuì dī shì duō shǎo？zuì gāo shì duō shǎo？)

❖ 如果你的一位朋友要来中国旅游，你会建议他什么季节来？为什么？
(rú guǒ nǐ de yī wèi péng yǒu yào lái zhōng guó lǚ yóu，nǐ huì jiàn yì tā shén me jì jié lái？wèi shén me？)

第十三课 在理发店

第四单元 校外生活

Unit 4　Life outside the Campus

第四单元　校外生活

第十三课　在理发店

Lesson 13　At the Barber's

课前问题 Question before the Text

nǐ zài zhōng guó qù guò lǐ fà diàn ma
➢ 你 在 中 国 去 过 理 发 店 吗？

Have you ever been to the barbershop in China?

第十三课 在理发店

> nǐ duì zì jǐ de fà xíng mǎn yì ma
> 你 对 自 己 的 发 型 满 意 吗？
> Are you satisfied with your hairstyle?

词汇与短语 Vocabulary and Phrase

lǐ fà diàn
理 发 店 barbershop(n.)

jiǎn
剪 cut(v.)

fà xíng
发 型 hairstyle(n.)

jiè yì
介 意 mind(v.)

xǐ
洗 wash(v.)

xiū jiǎn
修（剪）trim(v.)

yán sè
颜 色 color(n.)

tài
太 too(adv.)

bié
别 do not

zhāi yǎn jìng
摘 眼 镜 take off glasses

xǐ tóu
洗 头 wash one's hair

máng
忙 busy(adj.)

tóu fà
头 发 hair(n.)

dà yuē
大 约 about(prep.)

duǎn
短 short(adj.)

yǎn jìng
眼 镜 glasses(n.)

rǎn
染 dye(v.)

hēi sè
黑 色 black(n.)

shè jì
设 计 design(v.)

jiǎn tóu fà
剪 头 发 have one's hair cut

lìng wài
另 外 in addition

shāo wēi
稍 微 a little

第四单元 校外生活

常用表达 Expression

qǐng jìn 请 进！	Come in, please!
nǐ xiǎng jiǎn tóu fà ma 你 想 剪 头发 吗？	Do you want to have your hair cut?
nǐ jiè yì shāo wēi děng yī huì ma 你 介意 稍 微 等 一 会 吗？	Would you mind waiting for a while?
dà yuē yào děng duō jiǔ 大 约 要 等 多 久？	How long do I have to wait?
xiàn zài dào nǐ le 现 在 到 你 了。	It's your turn now.
nǐ yào jiǎn shén me fà xíng 你 要 剪 什 么 发 型？	What kind of hairstyle do you want?
nǐ xiǎng bǎ tóu fà rǎn chéng shén me yán sè 你 想 把 头 发 染 成 什 么 颜 色？	What color do you want to dye your hair?
qǐng bǎ yǎn jìng zhāi xià lái 请 把 眼 镜 摘 下 来。	Please take off your glasses.

对话 A Dialogue A

ā lǐ lái dào lǐ fà diàn
阿 里 来 到 理 发 店

lǐ fà shī qǐng jìn 理 发 师：请 进！	Hairdresser: Come in, please!
ā lǐ nǐ hǎo wǒ xiǎng jiǎn tóu fà 阿 里：你 好！我 想 剪 头 发。	Ali: Hello! I want to have my hair cut.
lǐ fà shī wǒ men xiàn zài zhèng máng zhe nǐ jiè yì shāo wēi děng yī xià ma 理 发 师：我 们 现 在 正 忙 着。你 介意 稍 微 等 一 下 吗？	Hairdresser: We are busy now. Would you mind waiting for a while?

第十三课　在理发店

ā lǐ　dà yuē yào děng duō jiǔ 阿里：大约要等多久？	Ali: How long do I have to wait?
lǐ fà shī　yī kè zhōng zuǒ yòu 理发师：一刻钟左右。	Hairdresser: It's about a quarter.
ā lǐ　hǎo 阿里：好。	Ali: OK.
lǐ fà shī　qǐng zhè biān zuò shāo 理发师：请这边坐，稍 děng yī xià 等一下。	Hairdresser: Please sit here and wait for a moment.

对话 B　Dialogue B

ā lǐ jiǎn tóu fà
阿里剪头发

lǐ fà shī　xiàn zài dào nǐ le　nǐ xǐ 理发师：现在到你了。你洗 guò tóu le ma 过头了吗？	Hairdresser: It's your turn now. Have you washed your hair?
ā lǐ　hái méi yǒu 阿里：还没有。	Ali: Not yet.
lǐ fà shī　qǐng bǎ yǎn jìng zhāi xià 理发师：请把眼镜摘下 lái wǒ bāng nǐ xǐ tóu nǐ yào jiǎn 来，我帮你洗头。你要剪 shén me fà xíng 什么发型？	Hairdresser: Please take off your glasses and I will help you to wash your hair. What kind of hairstyle do you want?
ā lǐ　nǐ bāng wǒ shè jì ba bié 阿里：你帮我设计吧。别 jiǎn de tài duǎn 剪得太短。	Ali: Please design a hairstyle for me. Don't make it too short.
lǐ fà shī　hǎo wǒ shāo wēi xiū yī diǎn 理发师：好，我稍微修一点。	Hairdresser: OK. I will trim your hair a little.

第四单元 校外生活

ā lǐ lìng wài wǒ xiǎng rǎn fà 阿里：另外，我想染发。	Ali：I also want to dye my hair.
lǐ fà shī nǐ xiǎng bǎ tóu fà rǎn 理发师：你想把头发染 chéng shén me yán sè 成什么颜色？	Hairdresser：What color do you want to dye your hair?
ā lǐ hēi sè wǒ xǐ huān zhōng guó 阿里：黑色。我喜欢中国 rén tóu fà de yán sè 人头发的颜色。	Ali：Black. I like the color of Chinese hair.

语言点 Language Point

1. 剪头发

例句：

jīn tiān tā xiǎng qù jiǎn tóu fà
❖ 今天他想去剪头发。

wǒ jué de nǐ gāi jiǎn tóu fà le
❖ 我觉得你该剪头发了。

yuē hàn zài lǐ fà diàn jiǎn tóu fà
❖ 约翰在理发店剪头发。

2. 稍微＋动词

例句：

qǐng shāo wēi xiū jiǎn yī xià bù yào tài duǎn
❖ 请稍微修剪一下，不要太短。

dà jiā shāo wēi zuò yī xià lǎo shī mǎ shàng jiù lái le
❖ 大家稍微坐一下，老师马上就来了。

qǐng tóng xué men shāo wēi xiào yī xià wǒ men yào zhào
❖ 请同学们稍微笑一下，我们要照
xiàng le
相了。

3. 大约……或……左右

例句：

108

第十三课　在理发店

❖ 今天气温0度左右。

❖ 你可能要等30分钟左右。

❖ 我每天走路去学校大约需要10分钟。

❖ 我每个月的电话费大约40元。

4. 动词＋过

例句：

❖ 你去过上海和北京吗？

❖ 我吃过这道菜。

❖ 陈明看过这本书。

5. 太＋形容词

例句：

❖ 她太漂亮了。

❖ 天气太冷了。

❖ 商场里的人太多了。

6. 把……动词

例句：

❖ 我喜欢把头发染成黑色。

❖ 我们把水果吃了。

❖ 请把眼镜摘下来。

第四单元 校外生活

课后练习 Exercise

1. 填空 Fill in the Blanks

　　　剪　　把　　稍微　　染　　过　　另外　　大约

(1) 雷纳夫（　　）头发（　　）成黑色。

(2) 我以前吃（　　）这种水果。

(3) 请你（　　）等一下。

(4) 上海夏天的气温（　　）34摄氏度。

(5) 我去过北京和上海，（　　）我还去过西安。

(6) 阿里在理发店（　　）头发。

2. 词语排序 Put the Words in the Right Order

(1) 等　大约　要　多久？

(2) 眼镜　请　把　下来　摘。

(3) 设计　你　帮　我　吧。

(4) 上海　去过　吗　你？

(5) 今天　天气　冷　了　的　太。

(6) 去　理发店　过　我。

3. 补充词语 Extra Vocabulary

yán sè
颜 色 Color

bái sè 白色 white	hóng sè 红色 red	huáng sè 黄色 yellow	lán sè 蓝色 blue
hēi sè 黑色 black	lǜ sè 绿色 green	chéng sè 橙色 orange	fěn sè 粉色 pink

◆ zhōng guó guó qí de bèi jǐng shì shén me yán sè de
　中 国 国 旗 的 背 景 是 什 么 颜 色 的？
　shàng miàn de xīng xīng shì shén me yán sè de
　上　面　的　星　星　是　什 么 颜 色 的？

- ❖ 你们国家的国旗是什么颜色的？
- ❖ 树叶和小草是什么颜色的？
- ❖ 天空是什么颜色的？大海是什么颜色的？

4. 口语问答 Ask and Answer

- ❖ 你的头发是什么颜色的？你染过头发吗？
- ❖ 你在中国见过什么颜色的花？
- ❖ 你喜欢穿什么颜色的衣服？
- ❖ 新娘的婚纱是什么颜色的？

第四单元 校外生活

第十四课 在医院

Lesson 14 In the Hospital

课前问题 Question before the Text

> nǐ shàng yī cì kàn yī shēng shì zài shén me shí hòu
> 你 上 一 次 看 医 生 是 在 什 么 时 候？
> When did you see a doctor last time?

第十四课　在医院

> nǐ wèi shén me qù kàn yī shēng
> 你 为 什 么 去 看 医 生 ?
> Why do you see a doctor?

词汇与短语 Vocabulary and Phrase

téng
疼　ache(v.)

yào
药　medicine(n.)

yī yuàn
医 院　hospital(n.)

mǎ shàng
马 上　immediately(adv.)

xì tǒng
系 统　system(n.)

rén yuán
人 员　staff(n.)

tù
吐　vomit(v.)

fā shāo
发 烧　fever(n.)

liáng
量　measure(v.)

bào gào
报 告　report(n.)

dēng lù
登 录　log in

zuì hǎo
最 好　had better

yàn xuè
验 血　blood test

lì hài
厉 害　seriously(adv.)

shū fú
舒 服　comfortable(adj.)

jiǎn chá
检 查　check-up(n.)

jì suàn jī
计 算 机　computer(n.)

gōng zuò
工 作　work(n.)

shàng wǔ
上 午　a.m.(n.)

cì
次　time(n.)

tǐ wēn
体 温　temperature(n.)

qǔ
取　get(v.)

zuì hòu
最 后　finally(adv.)

qǐng jià
请 假　ask for leave

guà hào chù
挂 号 处　registration office

第四单元 校外生活

常用表达 Expression

jīn tiān wǒ xiǎng qǐng jià 今天我想请假。	I want to ask for leave today.
nǐ zěn me le 你怎么了？	What's the matter with you?
wǒ dù zǐ téng de lì hài 我肚子疼得厉害。	I have a bad stomachache.
nǐ zuì hǎo qù yī yuàn jiǎn chá yī xià 你最好去医院检查一下。	You'd better go to hospital for a check-up.
nǐ kě yǐ zài jì suàn jī shàng dēng lù 你可以在计算机上登录 yī yuàn guà hào xì tǒng 医院挂号系统。	You may log in the hospital registration system by computer.
nǐ fā shāo ma 你发烧吗？	Have you got a fever?
shàng wǔ wǒ tù le sān cì 上午我吐了三次。	I threw up three times this morning.
nǐ xiān qù yàn xuè rán hòu ná zhe 你先去验血，然后拿着 yàn xuè bào gào huí lái zhǎo wǒ 验血报告回来找我。	First, you need to get your blood tested, and then take back the test report to me.

对话 A Dialogue A

ā lǐ yào qǐng jià
阿里要请假

ā lǐ chén míng jīn tiān wǒ bù qù 阿里：陈明。今天我不去 shàng kè le nǐ néng bāng wǒ qǐng 上课了，你能帮我请 jià ma 假吗？	Ali: Chen Ming. I cannot have classes today. Would you please help me to ask for leave?

chén míng hǎo de nǐ zěn me le 陈 明：好 的。你 怎 么 了？	Chen Ming：OK. What's the matter with you?
ā lǐ wǒ dù zǐ téng de lì hài 阿 里：我 肚 子 疼 得 厉 害。	Ali：I have a bad stomachache.
chén míng nǐ chī guò yào le ma 陈 明：你 吃 过 药 了 吗？	Chen Ming：Have you taken some medicine?
ā lǐ chī guò le dàn shì wǒ hái shì 阿 里：吃 过 了，但 是 我 还 是 bù shū fú 不 舒 服。	Ali：Yes，I have. But I am still uncomfortable.
chén míng nǐ zuì hǎo qù yī yuàn jiǎn 陈 明：你 最 好 去 医 院 检 chá yī xià 查 一 下。	Chen Ming：You'd better go to hospital for a check-up.
ā lǐ wǒ mǎ shàng qù 阿 里：我 马 上 去。	Ali：I am leaving immediately.

对话 B Dialogue B

ā lǐ zài yī yuàn
阿 里 在 医 院

ā lǐ qǐng wèn zài nǎ lǐ guà hào 阿 里：请 问 在 哪 里 挂 号？	Ali：Excuse me! Where can I register?
yī yuàn gōng zuò rén yuán guà hào 医 院 工 作 人 员：挂 号 chù zài hòu miàn nǐ kě yǐ zài jì 处 在 后 面。你 可 以 在 计 suàn jī shàng dēng lù yī yuàn guà hào 算 机 上 登 录 医 院 挂 号 xì tǒng 系 统。	Staff：The registration office is at the back. You may log in the hospital registration system by computer.
ā lǐ hǎo de 阿 里：好 的。	Ali：OK.

115

第四单元 校外生活

ā lǐ yī shēng wǒ dù zǐ téng shàng 阿里：医生，我肚子疼。上 wǔ wǒ tù le sān cì 午我吐了三次。	Ali：Doctor. I have a stomachache, and I have thrown up three times this morning.
yī shēng nǐ fā shāo ma nǐ liáng tǐ 医生：你发烧吗？你量体 wēn méi yǒu 温没有？	Doctor：Have you got a fever? Have you had your temperature taken？
ā lǐ wǒ bù fā shāo wǒ dù 阿里：我不发烧，我 36 度。	Ali：I don't have a fever. My temperature is 36 degree.
yī shēng nǐ xiān qù yàn xuè rán hòu 医生：你先去验血，然后 ná zhe yàn xuè bào gào lái zhǎo wǒ 拿着验血报告来找我。	Doctor：First, you need to get your blood tested, and then take back the test report to me.
ā lǐ hǎo 阿里：好。	Ali：OK.

语言点 Language Point

1. 某人＋怎么了

例句：

❖ nǐ zěn me le
  你怎么了？

❖ tā zuó tiān méi lái shàng kè tā zěn me le
  他昨天没来上课，他怎么了？

❖ lǎo shī wèn wǒ zěn me le
  老师问我怎么了。

2. 动词＋得＋副词

例句：

❖ wǒ dù zǐ téng de lì hài
  我肚子疼得厉害。

❖ jīn tiān de yǔ xià de dà
  今天的雨下得大。

❖ mǎ lì de hàn yǔ shuō de hǎo
  玛丽的汉语说得好。

3. 身体的部位＋疼

例句：

❖ 今天我肚子疼。

❖ 你还是头疼吗?

❖ 他走了三天,他腿疼。

4. 动词＋了＋几次

例句：

❖ 上午我吐了三次。

❖ 这道题你做了两次。

❖ 他们问了很多次。

5. 先……然后……

例句：

❖ 你先去验血,然后拿着验血报告来找我。

❖ 我们先自己做,然后问老师。

❖ 他先写作业,然后看电视。

6. 某人＋最好＋动词

例句：

❖ 你最好去医院做检查。

❖ 我们最好带上护照。

❖ 他今天最好来学校。

第四单元 校外生活

课后练习 Exercise

1. 填空 Fill in the Blanks

登录　　最好　　吐　　请假　　厉害　　疼　　体温

(1) 今天我头（　　　）得（　　　）。
(2) 我感冒了，你可以帮我（　　　）吗？
(3) 请（　　　）计算机系统。
(4) 我不舒服，上午（　　　）了两次。
(5) 我量（　　　）了，我没有发烧。
(6) 今天要下大雨，你（　　　）不要出去了。

2. 词语排序 Put the Words in the Right Order

(1) 吃过　你　昨天　药　吗？
(2) 检查　先　去　你　然后　来　找　我。
(3) 发烧　了　我　今天。
(4) 最好　去　医院　你　做　检查。
(5) 帮　请假　我　你　可以　吗？
(6) 今天　怎么　你　了？

3. 补充词语 Extra Vocabulary

shēn tǐ bù wèi
身 体 部 位　Body Parts

tóu 头 head	liǎn 脸 face	bí zi 鼻子 nose	zuǐ 嘴 mouth
yǎn jīng 眼　睛 eye	ěr duo 耳　朵 ear	bó zi 脖子 neck	shǒu 手 hand
yāo 腰 waist	bèi 背 back	tuǐ 腿 leg	jiǎo 脚 feet

第十四课　在医院

头
眼睛
耳朵
脖子
嘴
脸
手
鼻子
背
腰
腿
脚

请用汉语指出身体各部位

Please Point out the Different Parts of the Body in Chinese

4. 口语问答 Ask and Answer

❖ nǐ zài zhōng guó qù guò yī yuàn ma
你在中国去过医院吗？

❖ nǐ chī guò zhōng yào ma
你吃过中药吗？

❖ zài nǐ de guó jiā rén men shén me shí hòu huì qù yī yuàn kàn yī shēng
在你的国家，人们什么时候会去医院看医生？

❖ zài nǐ de guó jiā rén men yī bān duō jiǔ tǐ jiǎn yī cì
在你的国家，人们一般多久体检一次？

119

第四单元 校外生活

第十五课　在　银　行

Lesson 15　At the Bank

课前问题 Question before the Text

> nǐ jīng cháng qù yín háng ma
> 你 经 常 去 银 行 吗？
> Do you usually go to the bank?

第十五课 在银行

> nǐ zài yín háng huàn guò rén mín bì ma
> 你 在 银 行 换 过 人 民 币 吗？
> Have you exchanged any RMB at the bank?

词汇与短语 Vocabulary and Phrase

bàn lǐ
办 理 handle(v.)

yín háng
银 行 bank(n.)

xiàn jīn
现 金 cash(n.)

cún
存 deposit(v.)

gěi
给 give(v.)

dào
到 arrive(v.)

tián xiě
填 写 fill in

huì lǜ
汇 率 exchange rate

huàn chéng
换 成 change into

yè wù
业 务 business(n.)

yīng bàng
英 镑 pound(n.)

huàn
换 change(v.)

chuāng kǒu
窗 口 window(n.)

yòng
用 use(v.)

shèng xià de
剩 下 的 the rest of

duì huàn dān
兑 换 单 Exchange Form

shōu hǎo
收 好 keep something well

yín háng kǎ
银 行 卡 bank card

121

第四单元　校外生活

常用表达 Expression

nǐ yào bàn lǐ shén me yín háng yè wù 你 要 办 理 什 么 银 行 业 务 ？	What banking services do you want?
wǒ xiǎng bǎ měi yuán huàn chéng rén mín bì 我 想 把 美 元 换 成 人 民 币 。	I want to change US dollars into Renminbi.
qǐng xiān tián xiě yī zhāng duì huàn dān 请 先 填 写 一 张 兑 换 单 。	Please fill in this Exchange Form first.
jīn tiān yīng bàng duì rén mín bì de huì lǜ shì duō shǎo 今 天 英 镑 兑 人 民 币 的 汇 率 是 多 少 ？	What is the exchange rate between pounds and Renminbi today?
wǒ yào xiàn jīn 我 要 现 金 。	I want cash.
wǒ yào bǎ qián cún yín háng kǎ lǐ 我 要 把 钱 存 银 行 卡 里 。	I want to deposit money into the bank card.
zhè shì shèng xià de qián 这 是 剩 下 的 钱 。	This is the rest of money.
qǐng shōu hǎo 请 收 好 ！	Please keep it well!

第十五课 在银行

对话 A　Dialogue A

yuē hàn lái dào yín háng
约翰来到银行

yín háng gōng zuò rén yuán: nǐ hǎo! nǐ yào bàn lǐ shén me yín háng yè wù? 银行工作人员：你好！你要办理什么银行业务？	Bank Staff: Hello! What banking services do you want?
yuē hàn: nǐ hǎo! wǒ xiǎng bǎ yīng bàng huàn chéng rén mín bì. 约翰：你好！我想把英镑换成人民币。	John: Hello! I want to change pounds into Renminbi.
yín háng gōng zuò rén yuán: qǐng xiān tián xiě yī zhāng duì huàn dān. nǐ tián wán biǎo le ma? 银行工作人员：请先填写一张兑换单。你填完表了吗？	Bank Staff: Please fill in this Exchange Form first. Have you filled in the form?
yuē hàn: tián hǎo le. wǒ shì liú xué shēng, wǒ kě yǐ yòng hù zhào bàn lǐ yè wù ma? 约翰：填好了。我是留学生，我可以用护照办理业务吗？	John: Yes. I have finished. I am an international student. May I use my passport for banking service?
yín háng gōng zuò rén yuán: dāng rán kě yǐ. qǐng dào 3 hào chuāng kǒu. 银行工作人员：当然可以。请到3号窗口。	Bank Staff: Sure. Please go to window three.

123

第四单元 校外生活

对话 B　Dialogue B

约翰兑换人民币
yuē hàn duì huàn rén mín bì

约翰：你好！今天英镑兑人民币的汇率是多少？	John: Hello! What is the exchange rate between pounds and Renminbi today?
银行工作人员：今天的汇率是 1:8.86。	Bank Staff: The exchange rate is 1:8.86 today.
约翰：我要换 2 000 英镑的人民币。	John: I want to change 2 000 pounds into Renminbi.
银行工作人员：好的。一共是 17 720 元。您要现金还是存银行卡里？	Bank Staff: OK. The total is 17 720 Yuan. Do you want cash or deposit the money into your bank card?
约翰：请给我 720 元现金，剩下的钱存银行卡里。	John: Please give me 720 Yuan, and deposit the rest of money into my card.
银行工作人员：好的。这是你的银行卡，请收好！	Bank Staff: OK. This is your bank card. Please keep it well!

第十五课 在银行

语言点 Language Point

1. 把……换成……

例句：

❖ 我要把2 000英镑换成人民币。

❖ 她要把500美元换成人民币。

❖ 你要把欧元换成人民币吗？

2. 张

例句：

❖ 请先填写一张兑换单。

❖ 桌子上有三张试卷。

❖ 给我两张纸，好吗？

3. 用……动词……

例句：

❖ 我可以用护照办理业务吗？

❖ 我们用微信联系朋友。

❖ 留学生用银行卡支付。

4. 动词＋好了

例句：

❖ 明天的计划定好了。

❖ 我的作业做好了。

第四单元 校外生活

❖ 陈明的房间清扫好了。

5. ……兑……的汇率

例句：

❖ 今天英镑兑人民币的汇率是多少？

❖ 今天美元兑人民币的汇率是多少？

❖ 今天澳元兑人民币的汇率是多少？

6. 剩下的+名词

例句：

❖ 我把剩下的水果吃了。

❖ 我们把剩下的课文学完了。

❖ 他把剩下的钱拿走了。

课后练习 Exercise

1. 填空 Fill in the Blanks

窗口　汇率　用　银行卡　办理　收好　填写

(1) 请（　　）一张兑换单。

(2) 请到 2 号（　　）办理。

(3) 我（　　）手机联系朋友。

(4) 今天美元兑人民币的（　　）是多少？

(5) 这是你的（　　），请（　　）！

(6) 请问今天银行可以（　　）业务吗？

2. 词语排序 Put the Words in the Right Order

(1) 换成　英镑　把　人民币　想　我。

(2) 填好　吗　了　你？

126

(3)在 办理 银行 业务 你 吗？

(4)其余 的 把 请 钱 我 给。

(5)汇率 今天 的 多少 是？

(6)请 我 帮 银行卡 存进。

3. 补充词语 Extra Vocabulary

货币 Lang Currency

ōu yuán	měi yuán	ào yuán	rì yuán	rén mín bì
欧 元	美 元	澳 元	日 元	人 民 币
Euro	US dollar	Australian dollar	Yen	Yuan

❖ 中国的货币是什么？
  (zhōng guó de huò bì shì shén me)

❖ 日本的货币是什么？
  (rì běn de huò bì shì shén me)

❖ 今天日元兑人民币的汇率是多少？
  (jīn tiān rì yuán duì rén mín bì de huì lǜ shì duō shǎo)

❖ 今天美元兑欧元的汇率是多少？
  (jīn tiān měi yuán duì ōu yuán de huì lǜ shì duō shǎo)

4. 口语问答 Ask and Answer

❖ 你们国家的货币是什么？
  (nǐ men guó jiā de huò bì shì shén me)

❖ 你们国家的货币兑人民币的汇率是多少？
  (nǐ men guó jiā de huò bì duì rén mín bì de huì lǜ shì duō shǎo)

❖ 你知道人民币中纸币和硬币的单位吗？
  (nǐ zhī dào rén mín bì zhōng zhǐ bì hé yìng bì de dān wèi ma)

❖ 人民币中最大的纸币是多少元？
  (rén mín bì zhōng zuì dà de zhǐ bì shì duō shǎo yuán)

第四单元 校外生活

第十六课 在朋友家

Lesson 16　At Friend's House

课前问题 Question before the Text

> nǐ qù guò zhōng guó péng yǒu de jiā ma
> 你 去 过 中 国 朋 友 的 家 吗？
> Have you ever been to your Chinese friend's house?

> nǐ péng yǒu jiā piào liàng ma
> 你 朋 友 家 漂 亮 吗？
> Is your friend's house beautiful?

词汇与短语 Vocabulary and Phrase

jiā
家 home(n.)

gōng yù
公 寓 apartment(n.)

fāng biàn
方 便 convenient(adj.)

kuān chǎng
宽 敞 spacious(adj.)

nán
南 south(n.)

diàn nǎo
电 脑 computer(n.)

kě lè
可 乐 coke(n.)

zhuāng xiū
装 修 decoration(n.)

shū fáng
书 房 study(n.)

chú fáng
厨 房 kitchen(n.)

kè tīng
客 厅 living room

bān jiā
搬 家 move house

wán
玩 play(v.)

zǒu lù
走 路 walk(v.)

guì
贵 expensive(adj.)

cháo
朝 face(v.)

běi
北 north(n.)

kā fēi
咖 啡 coffee(n.)

gān jìng
干 净 clean(adj.)

xǐ shǒu jiān
洗 手 间 bathroom(n.)

wò shì
卧 室 bedroom(n.)

yī guì
衣 柜 wardrobe(n.)

dì tiě zhàn
地 铁 站 subway station

第四单元 校外生活

常用表达 Expression

wǒ bān jiā le 我 搬 家 了 。	I moved house.
xīn gōng yù lí xué xiào bù yuǎn 新 公 寓 离 学 校 不 远 。	The new apartment is not far from school.
gōng yù páng biān yǒu yī gè dì tiě zhàn 公 寓 旁 边 有 一 个 地 铁 站 。	There is a subway station beside the apartment.
fáng zū bù guì 房 租 不 贵 。	The rent is not expensive.
hái kě yǐ ba 还 可 以 吧 。	It's OK.
shū fáng hé wò shì cháo nán 书 房 和 卧 室 朝 南 。	The study and bedroom face south.
chuáng hé yī guì fàng zài wò shì lǐ 床 和 衣 柜 放 在 卧 室 里 。	My bed and wardrobe are placed in the bed room.
nǐ xiǎng hē kā fēi hái shì kě lè 你 想 喝 咖 啡 还 是 可 乐 ？	Would you like some coffee or coke?

对话 A   Dialogue A

chén míng qǐng yuē hàn dào xīn jiā wán
陈 明 请 约 翰 到 新 家 玩

chén míng yuē hàn wǒ bān jiā le 陈 明：约 翰。我 搬 家 了 。 nǐ yǒu shí jiān dào wǒ de xīn gōng yù 你 有 时 间 到 我 的 新 公 寓 lái wán ba 来 玩 吧 。	Chen Ming: John. I moved house. Come and play at my new apartment when you have time.

yuē hàn　hǎo　xīn gōng yù　lí xué xiào 约 翰：好！新 公 寓 离 学 校 yuǎn bù yuǎn 远 不 远？	John: OK. Is your new apartment far from the school?
chén míng　bù yuǎn　wǒ cóng gōng yù 陈 明：不 远。我 从 公 寓 zǒu dào xué xiào dà gài xū yào shí fēn 走 到 学 校 大 概 需 要 十 分 zhōng　gōng yù páng biān hái yǒu yī 钟。公 寓 旁 边 还 有 一 gè dì tiě zhàn 个 地 铁 站。	Chen Ming: No, it's not far from school. I walk from the apartment to school for about 10 minutes. There is also a subway station beside the apartment.
yuē hàn　zhēn fāng biàn　fáng zū guì ma 约 翰：真 方 便。房 租 贵 吗？	John: It's very convenient. Is the rent expensive?
chén míng　hái kě yǐ ba　wǒ qǐng nǐ 陈 明：还 可 以 吧。我 请 你 zhōu mò dào wǒ xīn jiā wán 周 末 到 我 新 家 玩。	Chen Ming: It's OK. I invite you to come to my new apartment on the weekend.
yuē hàn　hǎo　zhōu mò jiàn 约 翰：好。周 末 见！	John: OK. See you this weekend!

对话 B　Dialogue B

yuē hàn qù chén míng de xīn jiā
约 翰 去 陈 明 的 新 家

chén míng　yuē hàn　qǐng jìn 陈 明：约 翰，请 进！	Chen Ming: John. Come in, please!
yuē hàn　zhè tào gōng yù hěn kuān chǎng 约 翰：这 套 公 寓 很 宽 敞。	John: This apartment is spacious.

第四单元 校外生活

chén míng　hái kě yǐ　 kè tīng bù tài 陈　明：还 可 以。客 厅 不 太 dà　shū fáng hé wò shì cháo nán　xǐ 大，书 房 和 卧 室 朝 南，洗 shǒu jiān hé chú fáng cháo běi　wǒ de 手 间 和 厨 房 朝 北。我 的 shū hé diàn nǎo fàng zài shū fáng lǐ 书 和 电 脑 放 在 书 房 里， chuáng hé yī guì fàng zài wò shì lǐ 床 和 衣 柜 放 在 卧 室 里。	John: It's OK. The living room is not too big. The study and bedroom face south. The bathroom and kitchen face north. My books and computer are placed in the study. My bed and wardrobe are placed in the bedroom.
yuē hàn　zhēn bù cuò　fáng jiān hěn 约 翰：真 不 错！房 间 很 gān jìng　zhuāng xiū yě hěn piào liàng 干 净，装 修 也 很 漂 亮。	John: It's pretty good! The room is clean and the decoration is beautiful, too.
chén míng　nǐ xiǎng hē kā fēi hái shì 陈 明：你 想 喝 咖 啡 还 是 kě lè 可 乐？	Chen Ming: Would you like some coffee or coke?
yuē hàn　gěi wǒ yī píng kě lè ba 约 翰：给 我 一 瓶 可 乐 吧。 xiè xiè 谢 谢！	John: Give me a bottle of coke. Thank you!

语言点 Language Point

1. 套

例句：

❖ zhè tào gōng yù hěn kuān chǎng
　这 套 公 寓 很 宽 敞。

❖ wǒ mǎi le yī tào gōng yù
　我 买 了 一 套 公 寓。

❖ zhè dòng lóu yī gòng yǒu　　tào gōng yù
　这 栋 楼 一 共 有 18 套 公 寓。

2. 瓶

❖ gěi wǒ liǎng píng shuǐ
  给 我 两 瓶 水。

❖ wǒ mǎi le sān píng niú nǎi
  我 买 了 三 瓶 牛 奶。

❖ wǒ yào yī píng guǒ zhī
  我 要 一 瓶 果 汁。

3. ……离……远不远

例句：

❖ xīn gōng yù lí xué xiào yuǎn bù yuǎn
  新 公 寓 离 学 校 远 不 远？

❖ xīn gōng yù lí dì tiě zhàn yuǎn bù yuǎn
  新 公 寓 离 地 铁 站 远 不 远？

❖ mǎ lì de jiā lí tú shū guǎn yuǎn bù yuǎn
  玛 丽 的 家 离 图 书 馆 远 不 远？

4. ……旁边有……

例句：

❖ gōng yù páng biān yǒu yī gè dì tiě zhàn
  公 寓 旁 边 有 一 个 地 铁 站。

❖ xué xiào páng biān yǒu yī gè yín háng
  学 校 旁 边 有 一 个 银 行。

❖ lǎo shī páng biān yǒu yī tái diàn nǎo
  老 师 旁 边 有 一 台 电 脑。

5. 大概十一段时间

例句：

❖ wǒ cóng gōng yù zǒu dào xué xiào dà gài xū yào
  我 从 公 寓 走 到 学 校 大 概 需 要 10
  fēn zhōng
  分 钟。

❖ wǒ men zuò fēi jī qù zhōng guó dà gài xū yào xiǎo shí
  我 们 坐 飞 机 去 中 国 大 概 需 要 5 小 时。

❖ chén míng hé mǎ lì dǎ qiú dǎ le dà gài xiǎo shí
  陈 明 和 玛 丽 打 球，打 了 大 概 5 小 时。

6. ……放在……里

例句：

第四单元　校外生活

- chuáng hé yī fú fàng zài wò shì lǐ
  床 和 衣 服 放 在 卧 室 里。
- wǒ de shū hé diàn nǎo fàng zài shū fáng lǐ
  我 的 书 和 电 脑 放 在 书 房 里。
- zhuō yǐ fàng zài jiào shì lǐ
  桌 椅 放 在 教 室 里。

7. ……还是……

例句：

- nǐ hē kā fēi hái shì kě lè
  你 喝 咖 啡 还 是 可 乐？
- wǒ men qù chāo shì hái shì shuǐ guǒ diàn
  我 们 去 超 市 还 是 水 果 店？
- tā xǐ huān lán sè hái shì hóng sè
  他 喜 欢 蓝 色 还 是 红 色？

课后练习 Exercise

1. 填空 Fill in the Blanks

玩　　搬家　　南　　瓶　　方便　　干净　　地铁站

(1) 我（　　　）了，有时间到我新家（　　　）。

(2) 我公寓的卧室朝（　　　）。

(3) 这个房间很（　　　）。

(4) 学校旁边有一个（　　　）。

(5) 请给我一（　　　）可乐。

(6) 我走路去学校就很（　　　）。

2. 短语搭配 Match Phrases

一套		书
一张		卧室
一件		留学生
一个		衣服
一间		银行卡
一本		公寓
一瓶		可乐

3. 补充词语 Extra Vocabulary

家 电 (jiā diàn) Home Appliance

wēi bō lú 微波炉 microwave oven	diàn shì jī 电视机 television	diàn bīng xiāng 电冰箱 refrigerator
xǐ yī jī 洗衣机 washing machine	kōng tiáo 空调 air conditioner	xǐ wǎn jī 洗碗机 dish-washing machine

❖ kè tīng lǐ yǒu shén me
  客厅里有什么？

❖ xǐ shǒu jiān lǐ yǒu shén me
  洗手间里有什么？

❖ chú fáng lǐ yǒu shén me
  厨房里有什么？

❖ wò shì lǐ yǒu shén me
  卧室里有什么？

4. 口语问答 Ask and Answer

❖ nǐ jiā yǒu jǐ gè fáng jiān
  你家有几个房间？

❖ nǐ zhù de dì fāng jiāo tōng biàn lì ma
  你住的地方交通便利吗？

❖ zài nǐ de guó jiā rén men xǐ huān zhù gōng yù hái shì bié shù
  在你的国家，人们喜欢住公寓还是别墅？

❖ rú guǒ nǐ xiǎng zū fáng zi nǐ huì kǎo lǜ nǎ xiē yīn sù
  如果你想租房子，你会考虑哪些因素？

第五单元　快乐的旅行

Unit 5　Happy Trip

第十七课　坐　飞　机

Lesson 17　Taking the Airplane

课前问题 Question before the Text

> nǐ zěn me dìng jī piào
> 你 怎 么 订 机 票？
> How do you book a flight ticket?

第五单元 快乐的旅行

> nǐ zuò fēi jī qù guò nǎ lǐ
> 你 坐 飞 机 去 过 哪 里？
> Where have you been by plane?

词汇与短语 Vocabulary and Phrase

jì huà
计 划 plan(v.)

dìng
订 book(v.)

kuài
快 fast(adv.)

xuǎn
选 select(v.)

chuāng
窗 window(n.)

guì tái
柜 台 counter(n.)

xíng lǐ
行 李 luggage(n.)

miǎn fèi
免 费 free(adj.)

fàng jià
放 假 have holidays

dēng jī pái
登 机 牌 boarding card

jīng jì cāng
经 济 舱 economy class

zhí jī
值 机 check in

lǚ xíng
旅 行 travel(v.)

chū fā
出 发 leave(v.)

lián xì
联 系 contact(v.)

zuò wèi
座 位 seat(n.)

háng bān
航 班 flight(n.)

yǐ nèi
以 内 within(prep.)

zuò kè
做 客 visit(v.)

zhí jiē
直 接 directly(adv.)

tóu děng cāng
头 等 舱 first class

jī piào
机 票 flight ticket

tuō yùn xíng lǐ
托 运 行 李 check-in luggage

gǎi qiān
改 签 change the flight

第十七课 坐飞机

常用表达 Expression

nǐ jì huà qù nǎ lǐ lǚ xíng 你计划去哪里旅行？	Where do you plan to travel?
wǒ zài wǎng shàng dìng le yī zhāng jī piào 我在网上订了一张机票。	I have booked a flight ticket online.
wǒ míng tiān chū fā 我明天出发。	I am leaving tomorrow.
nǐ zhè me kuài jiù zǒu le 你这么快就走了！	You leave so fast!
wǒ běn lái xiǎng qǐng nǐ qù wǒ de xīn jiā zuò kè 我本来想请你去我的新家做客。	I thought to invite you to visit my new house.
rú guǒ wǒ kě yǐ gǎi qiān jī piào, wǒ jiù qù nǐ jiā zuò kè 如果我可以改签机票，我就去你家做客。	If I can change the flight, I will visit your house.
wǒ xuǎn le kào chuāng de zuò wèi 我选了靠窗的座位。	I have selected the seat near the window.
wǒ zài nǎ lǐ bàn lǐ zhí jī shǒu xù 我在哪里办理值机手续？	Where shall I check in, please?

对话 A Dialogue A

mǎ lì gǎi qiān jī piào
玛丽改签机票

chén míng mǎ lì guó qìng jié fàng tiān jià nǐ jì huà qù nǎ lǐ lǚ xíng 陈明：玛丽，国庆节放7天假，你计划去哪里旅行？	Chen Ming: Mary. We have 7 days off during the Chinese National Day. Where will you plan to travel?

第五单元 快乐的旅行

玛丽：我在网上订了一张去北京的机票。明天出发。	Mary: I have booked a flight ticket to Beijing online, and I am leaving for Beijing tomorrow.
陈明：这么快！我本来想请你去我的新家做客。明天朋友们都来我家。	Chen Ming: So fast! I thought to invite you to visit my new house. My friends will all come to my house tomorrow.
玛丽：没关系！我可以联系航空公司改签机票。如果我可以改签机票，我就去你家做客。	Mary: It doesn't matter! Maybe I can contact the airline company for changing the flight. If I can change the flight, I will visit your house.
陈明：好的。如果你在网上买的机票，可以在网上直接选你喜欢的座位。	Chen Ming: OK. If you buy the flight ticket online, you may select the seat you like directly online.
玛丽：是的。我选了靠窗的座位。	Mary: Yes. I've selected the seat near the window.

第十七课 坐飞机

对话 B　Dialogue B

mǎ lì chéng zuò fēi jī
玛丽乘坐飞机

玛丽：你好！请问在哪里办理值机手续？ mǎ lì: nǐ hǎo! qǐng wèn zài nǎ lǐ bàn lǐ zhí jī shǒu xù?	Mary: Hello! Where shall I check in, please?
机场工作人员：您乘坐哪趟航班？ jī chǎng gōng zuò rén yuán: nín chéng zuò nǎ tàng háng bān?	Airport staff: Which flight do you take?
玛丽：东方航空 No. 96186. mǎ lì: dōng fāng háng kōng No. 96186.	Mary: Eastern Airline No. 96186.
机场工作人员：请乘电梯到2楼7号柜台办理。 jī chǎng gōng zuò rén yuán: qǐng chéng diàn tī dào lóu hào guì tái bàn lǐ.	Airport staff: Please take the elevator to the second floor and check in at the Counter 7.
玛丽：你好！我想取登机牌。 mǎ lì: nǐ hǎo! wǒ xiǎng qǔ dēng jī pái.	Mary: Hello! I want to get my boarding card.
机场工作人员：您的座位在头等舱还是经济舱？ jī chǎng gōng zuò rén yuán: nín de zuò wèi zài tóu děng cāng hái shì jīng jì cāng?	Airport staff: First class or economy class?
玛丽：经济舱。 mǎ lì: jīng jì cāng.	Mary: Economy class.
机场工作人员：让我看看您的护照。 jī chǎng gōng zuò rén yuán: ràng wǒ kàn kan nín de hù zhào.	Airport staff: Show me your passport, please.

第五单元 快乐的旅行

玛丽：好的。我有行李要托运。	Mary：OK. I have luggage to check in.
机场工作人员：行李20公斤以内免费托运。	Airport staff：Free of charge within 20 kilograms of luggage.

语言点 Language Point

1. 订……票

例句：

❖ 今天我在网上订了一张机票。

❖ 他昨天订过一张高铁票。

❖ 阿里问我怎么订火车票？

2. 本来……，可是(但)……

例句：

❖ 我本来肚子疼得厉害，但我还是去上课了。

❖ 陈明本来想邀请玛丽去他的新家，可是玛丽外出旅行了。

❖ 玛丽本来明天出发，可是航班取消了。

3. 如果……就……

例句：

❖ 今天如果我有时间，我就去图书馆。

❖ 如果玛丽可以改签机票，她就去陈明家做客。

❖ 他如果不去，就会告诉你。

4. 这么＋形容词

例句：

❖ 他的成绩这么好！

❖ 这道题这么难！

❖ 他们问了我这么多问题！

5. 乘＋电梯＋到……

例句：

❖ 你乘电梯到3楼结账。

❖ 请乘电梯到柜台办理。

❖ 他乘电梯到教室。

6. 数量＋以内

例句：

❖ 你最好带20公斤以内的行李。

❖ 我们一个小时以内就到。

❖ 留学生们一周以内学完了拼音。

第五单元　快乐的旅行

课后练习 Exercise

1. 填空 Fill in the Blanks

以内　　如果　　登机　　这么　　改签　　本来　　登机牌

(1) 请问在哪里办理（　　　）手续？
(2) 请到 5 号柜台取（　　　）。
(3) 我有事情不能走了，所以我要（　　　）机票。
(4) 你跑得（　　　）快，难怪你一直喘。
(5)（　　　）下大雨，我们就不出去了。
(6) 托运行李 20 公斤（　　　）免费。
(7) 我（　　　）想请你去我家做客的。

2. 词语排序 Put the Words in the Right Order

(1) 哪里　可以　请问　登机　办理　手续？
(2) 网上　我　定了　在　机票　一张。
(3) 上楼　登机牌　取　请。
(4) 免费　20公斤　的　行李　以内。
(5) 联系　机票　航空公司　你　可以　改签　吗？
(6) 哪趟　乘坐　你　航班？

3. 词语补充 Extra Vocabulary

jī chǎng
机　场　Airport

dān chéng piào 单 程 票 one-way ticket	shuāng chéng piào 双 程 票 return ticket	wèn xùn chù 问 讯 处 Information Desk	hòu jī dà tīng 候 机 大 厅 Airport Lounge
ān quán jiǎn chá 安 全 检 查 security check	dēng jī kǒu 登 机 口 Boarding Gate	suí shēn xíng lǐ 随 身 行 李 carry-on luggage	tuì piào 退 票 refund ticket

nǐ mǎi guò shuāng chéng piào ma
❖ 你 买 过 双 程 票 吗？

- 如果你在机场找不到取票处，你会去哪里问？
- 机场安全检查时，有哪些东西不能带上飞机？
- 多重的行李可以带上飞机？

4. 口语问答 Ask and Answer

- 你在网上买过飞机票吗？方便吗？
- 你有过退票或者改签机票的经历吗？
- 在你的国家，机场安全检查一般需要多长时间？
- 中国的哪个机场最好？为什么？

第五单元 快乐的旅行

第十八课 预订酒店

Lesson 18　Booking a Hotel

课前问题 Question before the Text

> nǐ zài zhōng guó yù dìng guò jiǔ diàn ma
> 你 在 中 国 预 订 过 酒 店 吗？
> Have you booked a hotel in China?

第十八课 预订酒店

> nǐ xǐ huān zhù jiǔ diàn hái shì mín sù
> 你 喜 欢 住 酒 店 还 是 民 宿？
> Do you like hotels or homestays?

词汇与短语 Vocabulary and Phrase

jiǔ diàn
酒 店 hotel(n.)

yù dìng
预 订 book(v.)

yǐ jīng
已 经 already(adv.)

yī yàng
一 样 same(adj.)

mǎn
满 full(adj.)

yào shi
钥 匙 key(n.)

bō dǎ
拨 打 call(v.)

shén me shí hòu
什 么 时 候 when(adv.)

néng fǒu
能 否 whether or not

rù zhù
入 住 check in

fú wù
服 务 service(n.)

kǎo lǜ
考 虑 consider(v.)

hào
号 number(n.)

jià gé
价 格 price(n.)

tí gōng
提 供 provide(v.)

zǎo cān
早 餐 breakfast(n.)

cān tīng
餐 厅 cafeteria(n.)

shuāng rén jiān
双 人 间 double room

dān rén jiān
单 人 间 single room

huān yíng guāng lín
欢 迎 光 临！Welcome!

第五单元　快乐的旅行

常用表达 Expression

wǒ xiǎng yù dìng fáng jiān 我想预订房间。	I want to book a room.
nín yào dān rén jiān hái shì shuāng rén jiān 您要单人间还是双人间？	Do you need a single room or a double room?
qǐng wèn nín yào shén me shí hòu rù zhù jiǔ diàn 请问您要什么时候入住酒店？	When do you check in?
bāng wǒ yù dìng yī gè shuāng rén jiān 帮我预订一个双人间。	Please help me to book a double room.
qǐng wèn nín yào zài jiǔ diàn zhù jǐ tiān 请问您要在酒店住几天？	How long will you stay in the hotel, please?
huān yíng guāng lín 欢迎光临！	Welcome!
wǒ men tí gōng miǎn fèi zǎo cān 我们提供免费早餐。	We offer free breakfast.
rú guǒ nín xū yào qí tā fú wù qǐng bō dǎ fú wù tái diàn huà 如果您需要其他服务，请拨打服务台电话。	If you need the other services, please call the service center.

对话 A　Dialogue A

mǎ lì yù dìng jiǔ diàn
玛丽预订酒店

jiǔ diàn fú wù tái nín hǎo zhè shì jià rì jiǔ diàn 酒店服务台：您好！这是假日酒店。	Hotel Service Center: Hello! This is Holiday Hotel.

第十八课　预订酒店

玛丽：你好！我想预订房间。	Mary: Hello! I want to book a room.
酒店服务台：请问您要什么时候入住？住几天？	Hotel Service Center: When do you check in? And how long do you want to stay, please?
玛丽：我10月3日到酒店，我要住4天。	Mary: I will arrive at the hotel on 3rd October, and I will be staying there for 4 days.
酒店服务台：您要单人间还是双人间？	Hotel Service Center: Do you need a single room or double room?
玛丽：我要一个单人间。	Mary: I need a single room.
酒店服务台：不好意思，单人间已经满了。能否考虑双人间？价格是一样的。	Hotel Service Center: Sorry, all the single rooms are full. Do you like a double room? The price is the same.
玛丽：好吧。帮我预订一个双人间。	Mary: OK. Please help me to book a double room.

149

第五单元　快乐的旅行

对话 B　Dialogue B

玛丽住酒店

酒店服务台：欢迎光临假日酒店！	Hotel Service Center: Welcome to Holiday Hotel!
玛丽：你好！三天前我预订了一个双人间。这是我的护照。	Mary: Hello! I booked a double room 3 days ago. This is my passport.
酒店服务台：好的，请稍等。	Hotel Service Center: OK. Wait a moment, please.
酒店服务台：您的房间号是608，这是房间钥匙。我们提供免费早餐，餐厅在二楼，早餐时间是从早上7:00到9:00。如果您需要其他服务，请拨打服务台电话。	Hotel Service Center: Your room number is 608, and this is the key. We offer free breakfast in the cafeteria which is on the second floor. The time for breakfast is from 7:00 a.m to 9:00 a.m. If you need the other services, please call the service center.
玛丽：好的，谢谢！	Mary: OK. Thank you!

第十八课 预订酒店

语言点 Language Point

1. 这是……

例句：

❖ 这是汉庭快捷酒店。
zhè shì hàn tíng kuài jié jiǔ diàn

❖ 这是留学生的汉语教室。
zhè shì liú xué shēng de hàn yǔ jiào shì

❖ 这是我的学校。
zhè shì wǒ de xué xiào

2. 住在……+一段时间

例句：

❖ 我住在酒店三天了。
wǒ zhù zài jiǔ diàn sān tiān le

❖ 阿里住在学校宿舍一个月了。
ā lǐ zhù zài xué xiào sù shè yī gè yuè le

❖ 约翰住在中国一年了。
yuē hàn zhù zài zhōng guó yī nián le

3. 能否+动词

例句：

❖ 今天你能否去医院？
jīn tiān nǐ néng fǒu qù yī yuàn

❖ 你能否考虑预订双人间？
nǐ néng fǒu kǎo lǜ yù dìng shuāng rén jiān

❖ 明天他能否来学校？
míng tiān tā néng fǒu lái xué xiào

4. 一段时间+前

例句：

❖ 三天前我预订了一个双人间。
sān tiān qián wǒ yù dìng le yī gè shuāng rén jiān

❖ 一个月前我来过这里。
yī gè yuè qián wǒ lái guò zhè lǐ

151

第五单元　快乐的旅行

yī gè xīng qī qián wǒ qù guò chén míng de jiā

❖ 一个星期前我去过陈明的家。

5. 什么时候……

例句：

tā shén me shí hòu qù yī yuàn

❖ 她什么时候去医院？

nín yào shén me shí hòu rù zhù jiǔ diàn

❖ 您要什么时候入住酒店？

wǒ men shén me shí hòu shàng kè

❖ 我们什么时候上课？

6. 从……到……

例句：

zǎo cān shí jiān shì cóng zǎo shàng dào

❖ 早餐时间是从早上 7：00 到 9：00。

wǒ men shàng kè shí jiān shì cóng zǎo shàng dào

❖ 我们上课时间是从早上 8：00 到 10：00。

tā cóng wǎn shàng dào yī zhí zài jiā

❖ 他从晚上 7：00 到 9：00 一直在家。

课后练习 Exercise

1. 填空 Fill in the Blanks

预订　　拨打　　从　　提供　　这是　　欢迎　　还是

(1) 请问您要单人间（　　　）双人间？

(2) 请帮我（　　　）一个单人间。

(3) 如果你有其他需要，请（　　　）服务台电话。

(4) 酒店可以（　　　）免费早餐。

(5)（　　　）光临汉庭酒店！

(6) 早餐时间是（　　　）早上 7：00 到 9：00。

(7)（　　　）我的护照。

2. 词语排序 Put the Words in the Right Order

(1) 您　请问　过　预订　吗？

(2)预订 一个 我 单人间 想。

(3)光临 欢迎 汉庭 酒店!

(4)提供 能否 早餐 免费 酒店?

(5)住 我 酒店 要 在 一周。

(6)钥匙 房间 这是 您 的。

3. 补充阅读 Extra Reading

中国民宿

近几年，越来越多的人外出旅行会选择住民宿。民宿作为一种新的旅行住宿方式，越来越受来中国旅行者的欢迎。在中国，民宿一般指民宿主人利用私人住宅空闲房间，结合当地人文和自然景观，为外来旅行者提供的个性化住宿场所。民宿风格与当地风土人情紧密结合，很受外国游客欢迎。2017年，中国国家旅游局明确规范了民宿行业的标准与等级，进一步提高了民宿行业的服务品质。今后，民宿会成为世界各国来华旅游的新体验。

第五单元 快乐的旅行

Chinese Homestay

In recent years, more and more people have chosen homestays when traveling. Homestay, as a new way of traveling and accommodation, is increasingly popular with travelers who come to China. In China, homestay generally refers to the use of private residential free houses by homestay owners to provide personalized accommodation for foreign tourists in combination with local humanities and natural landscapes. The homestay style is closely combined with the local customs and is very popular with foreign tourists. In 2017, the China National Tourism Administration clearly standardized the standards and levels of the homestay industry and further improved the service quality of homestay. In the future, homestays will become a new experience for countries around the world to travel to China.

(1) 如果你在中国旅行，你喜欢住酒店还是民宿？

(2) 和酒店比，民宿有什么不同？

(3) 你觉得中国的民宿有哪些方面需要改善？

(4) 外国人住中国民宿，有其他需求吗？

4. 口语问答 Ask and Answer

◆ 你在中国住过民宿吗？在哪个城市？

◆ 你在中国住过酒店吗？在哪个

第十八课　预订酒店

城市？

❖ 在你的国家，人们旅行会选择什么住宿方式？为什么？

第五单元　快乐的旅行

第十九课　游览北京

Lesson 19　Visiting Beijing

课前问题 Question before the Text

> nǐ qù guò běi jīng ma
> 你 去 过 北 京 吗？
> Have you ever been to Beijing?

第十九课　游览北京

➤ běi jīng yǒu nǎ xiē zhí dé yóu lǎn de dì fāng
　北　京　有　哪　些　值　得　游　览　的　地　方？

Are there any places worth visiting in Beijing?

词汇与短语 Vocabulary and Phrase

dǎo yóu
导　游　guide(n.)

cháo dài
朝　代　dynasty(n.)

jiàn zhù
建　筑　building(n.)

miàn jī
面　积　area(n.)

bǎo cún
保　存　reserve(v.)

mù zhì
木　质　wood(n.)

zhī hòu
之　后　after(prep.)

zhèng fǔ
政　府　government(n.)

míng chēng
名　称　name(n.)

bǎi xìng
百　姓　common people(n.)

jìn zhǐ
禁　止　prohibition(n.)

gǔ dài
古　代　ancient times

yóu kè
游　客　tourist(n.)

gōng diàn
宫　殿　palace(n.)

jīng huá
精　华　essence(n.)

guī mó
规　模　scale(n.)

wán zhěng
完　整　complete(adj.)

jié gòu
结　构　structure(n.)

wàn
万　ten thousands(n.)

guān fāng
官　方　official(adj.)

huáng dì
皇　帝　emperor(n.)

kào jìn
靠　近　approach(v.)

hóng wěi
宏　伟　magnificent(adj.)

píng fāng mǐ
平　方　米　square meter

• 157 •

第五单元 快乐的旅行

zǐ jìn chéng
紫禁城 Forbidden City

gù gōng
故宫 Imperial Palace

常用表达 Expression

běi jīng gù gōng yòu bèi chēng zuò zǐ jìn chéng 北京故宫又被称作紫禁城。	The Imperial Palace of Beijing is also known as the Forbidden City.
gù gōng wèi yú běi jīng de zhōng xīn 故宫位于北京的中心。	The Imperial Palace is in the center of Beijing.
běi jīng gù gōng zhàn dì miàn jī wàn píng fāng mǐ 北京故宫占地面积72万平方米。	The Imperial Palace of Beijing covers an area of 720,000 square meters.
gù gōng yǒu duō zuò gōng diàn 故宫有70多座宫殿。	There are more than 70 palaces in the Imperial Palace.
liǎng xiǎo shí zhī hòu wǒ men zài zhè lǐ jiàn miàn 两小时之后我们在这里见面。	We will meet here after two hours.
nǐ néng gào sù wǒ wèi shén me ma 你能告诉我为什么吗？	Can you tell me the reason?
jìn shì jìn zhǐ de yì sī 禁是禁止的意思。	Jin in Chinese means prohibition.
yuán lái rú cǐ 原来如此！	I see!

第十九课　游览北京

对话 A　Dialogue A

导游介绍北京故宫
dǎo yóu jiè shào běi jīng gù gōng

导游：各位游客，今天作为大家的导游我非常高兴。	Tour guide: Dear guests, I am pleased to serve you as tour guide today.
游客：前面就是故宫吗？	Tourist: Is the Imperial Palace just ahead?
导游：是的。现在我们面前的就是北京故宫。故宫又被称作紫禁城，是一座明清两个朝代的皇家宫殿。它位于北京的中心，是中国古代宫殿建筑的精华。	Tour guide: Yes. We are now in front of the Imperial Palace of Beijing. The Imperial Palace of Beijing, also known as the Forbidden City, is the royal palace of the two dynasties in the Ming and Qing Dynasties. It is located in the center of Beijing, and it is the essence of ancient Chinese palace architecture.
游客：北京故宫很大吗？	Tourist: Is the Imperial Palace very big?

第五单元　快乐的旅行

导游：是的。北京故宫以三座大殿为中心，占地面积72万平方米，里面有70多座宫殿。它是世界上现存规模最大、保存最完整的木质结构古建筑之一。请大家自行游览，两小时之后我们在这里见面。

Tour guide: Yes. The Imperial Palace of Beijing is centered on three main halls, covering an area of 720,000 square meters, and it has more than 70 palaces inside. It is one of the largest and most well reserved ancient wooden structures in the world. Please take a visit by yourselves. We will meet here after two hours.

游客：好的，一会见！

Tourist: OK. See you later!

对话B　Dialogue B

玛丽和陈明一起游览故宫

玛丽：陈明，你能告诉我故宫为什么又叫"紫禁城"吗？

Mary: Chen Ming. Could you tell me why the Imperial Palace has another name "the Forbidden City"?

第十九课　游览北京

陈明：当然。故宫是中国明清两朝的皇家宫殿。以前皇帝们住在这里，不准百姓靠近，所以它又被称为"紫禁城"。"禁"是禁止的意思。	Chen Ming: Sure. The Imperial Palace is the royal palace of the Ming and Qing Dynasties. It was the palace where the emperors lived before, and common people were not permitted to approach it, so it is also called "the Forbidden City". "Jin" in Chinese means prohibition.
玛丽：原来如此！这座建筑真宏伟！	Mary: I see! What a magnificent building it is!

语言点 Language Point

1. 作为……

例句：

❖ 作为大家的导游，今天我很开心。

❖ 作为留学生的汉语老师，我很荣幸。

❖ 作为队长，他认真负责。

2. 被称作……

❖ 故宫又被称作"紫禁城"。

❖ 四川被称作"天府之国"。

❖ 地中海沿岸被称作"西方文明的

第五单元　快乐的旅行

yáo lán
摇 篮 "。

3. 位于……

例句：

❖ 故宫位于北京的中心。

❖ 学校位于城市的北侧。

❖ 上海位于中国的东部。

4. 以……为中心

例句：

❖ 北京故宫以三大殿为中心。

❖ 学校以学生为中心。

❖ 学生要以学习为中心。

5. 最＋形容词

例句：

❖ 我的衣服价格最高。

❖ 他在我们班最高。

❖ 故宫是世界上现存规模最大的古建筑之一。

6. 一段时间＋之后

例句：

❖ 两小时之后我们在这里集合。

❖ 一周之后我们考试。

yī gè yuè zhī hòu wǒ men jiù fàng jià le
❖ 一 个 月 之 后 我 们 就 放 假 了 。

7. 数词＋多＋量词

例句：

gù gōng yǒu　　duō zuò gōng diàn
❖ 故 宫 有 70 多 座 宫 殿 。

wǒ men bān yǒu　　duō gè xué shēng
❖ 我 们 班 有 30 多 个 学 生 。

xué xiào yǒu　　duō wèi lǎo shī
❖ 学 校 有 80 多 位 老 师 。

课后练习 Exercise

1. 填空 Fill in the Blanks

导游　称作　多　最　平方米　之后　作为　最

（1）我很开心今天（　　　）各位游客的（　　　）。

（2）故宫又被（　　　）"紫禁城"。

（3）故宫里有70（　　　）座宫殿。

（4）故宫占地面积72万（　　　）。

（5）故宫是现存规模（　　　）大、保存（　　　）完整的古建筑之一。

（6）两小时（　　　）我们在这里见面。

2. 短语搭配 Match Phrases

一座		教室
一位		字典
一间		旅行
一次		米饭
一碗		牛奶
一本		导游
一瓶		宫殿

第五单元　快乐的旅行

3. 词语补充 Extra Vocabulary

běi jīng míng shèng gǔ jì
北 京 名 胜 古 迹 The Sightseeing in Beijing

gù gōng 故 宫 Imperial Palace	cháng chéng 长 城 Great Wall	yí hé yuán 颐 和 园 The Summer Palace
tiān ān mén 天 安 门 Tian An Men	tiān tán 天 坛 Temple of Heaven	wàn shòu shān 万 寿 山 Longerity Hill

❖ 你听过或者去过以上名胜古迹吗？

❖ 你还听过北京其他的景点吗？

❖ 以上哪个景点有大广场？

❖ 以上哪个景点属于军事工程？

4. 口语问答 Ask and Answer

❖ 中国的首都是哪个城市？

❖ 你知道北京有哪些名胜古迹吗？

❖ 长城横穿中国的7个省，你能在地图上找出这7个省吗？

❖ 你最喜欢北京的哪个景点？为什么？

第二十课　游览上海

Lesson 20　Visiting Shanghai

课前问题 Question before the Text

> nǐ qù guò shàng hǎi ma
> 你 去 过 上 海 吗？
> Have you ever been to Shanghai?

第五单元　快乐的旅行

> nǐ zhī dào shàng hǎi huà nǐ hǎo zěn me shuō ma
> 你知道上海话"你好"怎么说吗？
> Do you know how to say "Hello" in Shanghai dialect?

词汇与短语 Vocabulary and Phrase

bì yè
毕业　graduate(v.)

lì shǐ
历史　history(n.)

fēng gé
风格　style(n.)

wài guó
外国　foreign(adj.)

xī là
希腊　Greek(n.)

hǎi guān
海关　customs(n.)

dēng
灯　light(n.)

lǐ yú
鲤鱼　carp(n.)

chū shēng
出生　be born

bàn gōng dà lóu
办公大楼　office building

dà dū shì
大都市　metropolis(n.)

wén huà
文化　culture(n.)

fēn wéi
氛围　atmosphere(n.)

tuī jiàn
推荐　recommend(v.)

ōu zhōu
欧洲　Europe(n.)

dǐng
顶　top(n.)

zuò cài
做菜　cook(v.)

shāng rén
商人　business man

xī fāng fēng gé
西方风格　western-style

táng cù
糖醋　sweet and sour

第二十课　游览上海

常用表达 Expression

wǒ chū shēng zài shàng hǎi 我 出 生 在 上 海 。	I was born in Shanghai.
shàng hǎi shì yī zuò guó jì dà dū shì 上 海 是 一 座 国 际 大 都 市 。	Shanghai is an international metropolis.
shàng hǎi jì yǒu zhōng guó lì shǐ wén 上 海 既 有 中 国 历 史 文 huà dǐ yùn yòu yǒu xī fāng wén huà fēn 化 底 蕴 ，又 有 西 方 文 化 氛 wéi 围 。	Shanghai is not only filled with Chinese historical and cultural background but also with western cultural atmosphere.
wǒ tuī jiàn nǐ qù cháng cháng táng cù lǐ 我 推 荐 你 去 尝 尝 糖 醋 鲤 yú 鱼 。	I suggest you to try Sweet and Sour Carp.
wǒ kàn jiàn hěn duō xī fāng fēng gé de 我 看 见 很 多 西 方 风 格 的 jiàn zhù 建 筑 。	I have seen many western-style buildings.
zhè xiē jiàn zhù xiàn zài zuò shén me yòng 这 些 建 筑 现 在 做 什 么 用 ？	What are these buildings for now?
shàng hǎi bèi hěn duō nián qīng rén chēng 上 海 被 很 多 年 轻 人 称 zuò mó dū 作 " 魔 都 " 。	Shanghai is called "Magic City" by many young people.

167

第五单元 快乐的旅行

对话 A Dialogue A

玛丽问陈明上海的景点

玛丽：陈明，你是上海人吗？	Mary: Chen Ming. Are you from Shanghai?
陈明：是的。我出生在上海，一直到高中毕业都生活在这座城市。	Chen Ming: Yes. I was born in Shanghai, and I have been staying in this city until I graduated from high school.
玛丽：我听说上海是一座国际大都市，既有中国历史文化底蕴，又有西方文化氛围。	Mary: I have heard that Shanghai is an international metropolis. It is not only filled with Chinese historical and cultural background but also with western cultural atmosphere.
陈明：确实是这样。上海有很多来自世界各国的游客、留学生和商人。	Chen Ming: So it is indeed. There are tourists, international students as well as businessmen from all over the world in Shanghai.
玛丽：我想去上海玩。你能给我推荐一些值得去的地方吗？	Mary: I would like to visit Shanghai. Would you please recommend me some places worth visiting?

第二十课 游览上海

chén míng dāng rán kě yǐ nǐ zhǔn bèi 陈 明：当 然 可 以。你 准 备 qù jǐ tiān 去 几 天？	Chen Ming：Of course. How many days do you plan to go?
mǎ lì wǒ zhī yǒu yī tiān shí jiān 玛 丽：我 只 有 一 天 时 间。	Mary：I only have one day.
chén míng wǒ zhǐ néng tuī jiàn nǐ qù 陈 明：我 只 能 推 荐 你 去 shàng hǎi wài tān hé yù yuán zhè liǎng 上 海 外 滩 和 豫 园。这 两 gè zhī míng jǐng diǎn jù lí hěn jìn wǒ 个 知 名 景 点 距 离 很 近。我 hái tuī jiàn nǐ qù cháng cháng shàng hǎi 还 推 荐 你 去 尝 尝 上 海 de měi shí shàng hǎi rén zuò cài xǐ 的 美 食。上 海 人 做 菜 喜 huān yòng táng cù de fāng fǎ bǐ rú 欢 用 糖 醋 的 方 法，比 如， táng cù lǐ yú 糖 醋 鲤 鱼。	Chen Ming：I can only recommend you to go to the Bund and Yu Garden. The two famous places are closed, and I also recommend you to try the delicious food in Shanghai. Shanghai people like to cook with sweet and sour, such as Sweet and Sour Carp.
mǎ lì tīng qǐ lái bù cuò wǒ zhōu mò 玛 丽：听 起 来 不 错！我 周 末 jiù qù 就 去。	Mary：It sounds great！I am going to visit Shanghai on weekend.
chén míng zhù nǐ wán de yú kuài 陈 明：祝 你 玩 得 愉 快！	Chen Ming：Have a good time！

第五单元　快乐的旅行

对话 B　Dialogue B

玛丽游览上海
mǎ lì yóu lǎn shàng hǎi

导游：请看！这就是世界知名的上海外滩。通常来讲，外滩指中山路西侧的24栋建筑。	Guide: Please take a look! This is the world-known Shanghai Bund. Generally speaking, the Bund refers to the 24 buildings in the west of Zhongshan Road.
玛丽：好壮观的风景！我看见很多西方风格的建筑。	Mary: How imposing the scene is! I see many western-style buildings.
导游：因为1949年以前，上海有很多外国租界。很多外国人尤其是欧洲人喜欢到上海做生意、碰运气。当时，上海又被称作"外国冒险家的乐园"。	Guide: Because there were many foreign settlements in Shanghai before 1949. Many foreigners especially for Europeans loved doing business and taking their chances in Shanghai. At that time, Shanghai is also called "The Paradise of Foreign Adventurers".
玛丽：这些建筑现在做什么用？	Mary: What are these buildings for now?

170

第二十课　游览上海

导游：外滩 12 号欧洲希腊风格的建筑现在是上海浦发银行。楼顶有巨钟的建筑现在是上海海关办公大楼……	Guide: Building No.12 with European Greek style is Pudong Development Bank and the one with the big clock on top is the building of Shanghai Customs...
玛丽：晚上有灯光时，这些建筑一定很漂亮！	Mary: These buildings must be magnificent at night when all lights are turned on!

语言点 Language Point

1. 出生在……

例句：

❖ 我出生在上海。

❖ 玛丽出生在美国。

❖ 你出生在哪里？

2. 一直到……

❖ 昨天我出去看电影，一直到晚上才回家。

❖ 从这里一直到拐角处都是学校的教学楼。

第五单元　快乐的旅行

❖ 大家等消息一直到天亮。

3. 既有……又有……

例句：

❖ 上海既有中国历史文化底蕴，又有西方文化氛围。

❖ 学校既有中国学生，又有留学生。

❖ 外滩既有中式建筑，又有欧式建筑。

4. 只好＋动词

例句：

❖ 今天下雨，所以运动会只好取消了。

❖ 天气太冷，我只好待在家里了。

❖ 上海很大，可我只有一天时间，只好去外滩了。

5. 好＋形容词

例句：

❖ 我感觉好累。

❖ 好壮观的风景！

❖ 这栋楼好高啊！

6. 是＋动词＋名词＋用的

例句：

❖ zhè xiē tiáo liào shì zuò táng cù yú yòng de
这 些 调 料 是 做 糖 醋 鱼 用 的。

❖ zhè fú huà shì zhuāng shì jiào shì yòng de
这 幅 画 是 装 饰 教 室 用 的。

❖ zhè běn shū shì xué zhuān yè kè yòng de
这 本 书 是 学 专 业 课 用 的。

课后练习 Exercise

1. 填空 Fill in the Blanks

建筑　　既有　　出生　　只好　　好　　知名

(1)上海有很多各种风格的(　　　)。

(2)上海(　　　)中国历史文化，又有西方文化气息。

(3)陈明(　　　)在上海。

(4)我只有一天时间，所以(　　　)去外滩走走了。

(5)这座建筑(　　　)宏伟。

(6)北京故宫是世界(　　　)的皇家宫殿。

2. 短语搭配 Match Phrases

一栋		风格
知名		高楼
做		景点
好		生意
糖醋		壮观
被		鲤鱼
欧式		称为

第五单元 快乐的旅行

3. 补充阅读 Extra Reading

上海迪士尼乐园

上海迪士尼乐园是中国境内第一座迪士尼主题公园，它位于上海市浦东新区川沙镇，于2016年正式开园。乐园拥有七大主题园区，其中最知名的园区是"米奇大街"。这个园区有奇异的花园，热闹的广场和优雅的剧院，是孩子们奇思妙想的发源地。另一个受孩子们欢迎的园区叫"宝藏湾"。这是全球迪士尼乐园中第一个以海盗为主题的园区。充满异域风情的色彩、音乐和灯光强烈碰撞，让孩子们怀着好奇心去了解不一样的国度发生的故事。上海迪士尼乐园给很多中国孩子的童年留下了数不尽的快乐。

Shanghai Disneyland

Shanghai Disneyland is the first Disney theme park in China. It is located in chuansha Town, Pudong New District, Shanghai. It officially opened in 2016. The park has seven theme parks, the most famous of which is Mickey Street. The park has strange gardens, lively squares and elegant theatres, which are the birthplace of children's wonderful ideas. Another park popular with children is called Treasure Bay. This is the first pirate-themed park in Disneyland around the world. Exotic colors, music and lights collide strongly, allowing children to understand the stories of different countries with curiosity. Shanghai Disneyland has left countless joys for many Chinese children in their childhood.

- 上海迪士尼乐园哪一年正式开园？
- 上海迪士尼乐园位于哪个区？
- 上海迪士尼乐园有几大园区？其中哪个园区最受孩子们欢迎？
- 上海迪士尼乐园里有以海盗为主题的园区吗？

4. 口语问答 Ask and Answer

- 中国的哪个城市有"魔都"之称？
- 你知道上海有哪些特色美食吗？
- 你听说过或者坐过从上海浦东机场到市中心的磁悬浮列车吗？
- 你最喜欢上海的哪个景点？为什么？

第六单元 传统节日

Unit 6　Traditional Festivals

第二十一课 春 节

Lesson 21   Spring Festival

课前问题 Question before the Text

> nǐ yǒu zài zhōng guó guò chūn jié de jīng lì ma
> 你 有 在 中 国 过 春 节 的 经 历 吗？
> Do you have the experience of celebrating Spring Festival in China?

第六单元 传统节日

> nǐ huì bāo jiǎo zi ma
> 你 会 包 饺 子 吗？
>
> Can you make dumplings?

词汇与短语 Vocabulary and Phrase

qī jiān
期 间 period(*n.*)

suǒ yǒu
所 有 all(*adj.*)

xí sú
习 俗 custom(*n.*)

jiē xià lái
接 下 来 next(*adv.*)

tuán yuán
团 圆 reunion(*n.*)

zhòng yào
重 要 important(*adj.*)

zhōng
钟 clock(*n.*)

yī rán
依 然 still(*adv.*)

gōng gòng
公 共 public(*adj.*)

chūn jié
春 节 Spring Festival

chū guó
出 国 go aboard

wǎn huì
晚 会 evening party

nán
难 difficult(*adj.*)

jié rì
节 日 festival(*n.*)

bì kāi
避 开 avoid(*v.*)

chuán tǒng
传 统 traditional(*adj.*)

jiǎo zi
饺 子 dumpling(*n.*)

biān pào
鞭 炮 firecracker(*n.*)

huó dòng
活 动 activity(*n.*)

xīng fèn
兴 奋 excited(*adj.*)

chéng shì
城 市 city(*n.*)

chūn yùn
春 运 Spring Rush

nóng lì
农 历 lunar calender

liè wéi
列 为 be listed as

第二十一课 春 节

xiāng hù
相 互 each other

fàng hán jià
放 寒 假 winter vacation

guò chūn jié
过 春 节 celebrate Spring Festival

常用表达 Expression

nǐ zuì jìn zài máng shén me 你 最 近 在 忙 什 么？	What are you busy with recently?
chūn yùn qī jiān dìng piào fēi cháng nán 春 运 期 间 订 票 非 常 难。	It is very difficult to book a ticket during the Spring Rush.
yào shi chūn jié qián suǒ yǒu jī piào dōu 要 是 春 节 前 所 有 机 票 都 mài wán le wǒ jiù shì shì mǎi huǒ chē 卖 完 了，我 就 试 试 买 火 车 piào 票。	If all the flight tickets have been sold out before Spring Festival, I will try to buy train tickets.
chūn jié duì zhōng guó rén lái shuō shì zuì 春 节 对 中 国 人 来 说 是 最 zhòng yào de jié rì 重 要 的 节 日。	Spring Festival is the most important festival for Chinese people.
chūn jié shì jiā tíng tuán yuán de rì zi 春 节 是 家 庭 团 圆 的 日 子。	Spring Festival is the time for family reunion.
yī xiē zhōng guó jiā tíng xuǎn zé chū guó 一 些 中 国 家 庭 选 择 出 国 lǚ yóu lái qìng zhù xīn nián 旅 游 来 庆 祝 新 年。	Some Chinese families choose to travel abroad for celebrating Spring Festival.
xǔ duō guó jiā bǎ chūn jié liè wéi gōng 许 多 国 家 把 春 节 列 为 公 gòng jià rì 共 假 日。	Many countries have listed Spring Festival as one of the public holidays.

第六单元　传统节日

外国朋友用中文相互拜年。	Foreign friends give new year's greetings in Chinese with each other.

对话　Dialogue

陈明回家过春节

玛丽：陈明。我们要放寒假了，你最近在忙什么？	Mary: Chen Ming. We are going to have the winter vacation. What are you busy with recently?
陈明：我在忙着订回家的机票。春运期间非常难订票。	Chen Ming: I am busy with booking flight tickets to go home. It is very difficult to book a ticket during the Spring Rush.
玛丽：所有中国人春节都要回家吗？	Mary: Do all the Chinese return home for Spring Festival?
陈明：大多数吧。因为这是我们的节日习俗。但是现在一些中国家庭选择出国旅游来庆祝春节。	Chen Ming: Most of us. Because this is our festival custom. But now some Chinese families choose to travel abroad for celebrating Spring Festival.

mǎ lì ：zhè shì gè bù cuò de zhǔ yì 玛丽：这是个不错的主意！ chū guó shì bì kāi chūn yùn gāo fēng de 出国是避开春运高峰的 hǎo fāng fǎ rú guǒ xiàn zài jī piào dū 好方法。如果现在机票都 mài wán le nǐ jiē xià lái yào zěn me 卖完了，你接下来要怎么 bàn 办？	Mary：This is a good idea! Travelling abroad is a good method to avoid the peak of the Spring Rush. If the flight tickets have been sold out now, what will you do next?
chén míng yào shì chūn jié qián suǒ yǒu 陈明：要是春节前所有 jī piào dōu mài wán le wǒ jiù shì shì 机票都卖完了，我就试试 mǎi huǒ chē piào bù guǎn zěn yàng 买火车票。不管怎样， chūn jié qián wǒ yī dìng yào huí jiā 春节前我一定要回家。	Chen Ming：If all the flight tickets have been sold out before Spring Festival, I will try to buy train tickets. Anyway, I must go home before Spring Festival.
mǎ lì zhù nǐ hǎo yùn 玛丽：祝你好运！	Mary：Good luck!

短文 Passage

chūn jié　　zhōng guó rén zuì zhòng yào de jié rì
春节——中国人最重要的节日

zhōng guó yǒu hěn duō chuán tǒng jié rì　chūn jié duì zhōng guó rén lái
中国有很多传统节日，春节对中国人来
shuō shì zuì zhòng yào de jié rì　tā shì nóng lì xīn nián　xiàng zhēng zhe
说是最重要的节日。它是农历新年，象征着
chūn tiān de dào lái hé xīn de kāi shǐ　zhōng guó rén sú chèng qí guò
春天的到来和新的开始。中国人俗称其"过
nián　chūn jié shì jiā tíng tuán yuán de rì zi　shēn zài gè dì de zhōng
年"。春节是家庭团圆的日子，身在各地的中
guó rén dōu yào zài chūn jié qián huí jiā hé fù mǔ tuán jù　jié qián hěn duō
国人都要在春节前回家和父母团聚。节前，很多

181

第六单元 传统节日

家庭忙着清扫房间、买年货、包饺子。除夕，大家一起吃年夜饭、看春节晚会、放鞭炮、听钟声，等待农历新年的到来。春节的活动有很多，所以年后，人们常常说自己很累。但是下一个春节，大家依然兴奋地准备过年。现在，很多外国朋友也喜欢庆祝春节，他们用中文相互拜年。许多国家和地区将春节列为公共假日。

The Spring Festival－the Most Important Festival for Chinese

There are many traditional festivals in China, and the most important one for Chinese is Spring Festival. It is the Lunar New Year in China symbolizing a new beginning and the approach of spring. Chinese people prefer to call it "Guo Nian". Spring Festival is the time for family reunion, so people from different places will return their hometowns and stay with their parents during the holidays. Before the festival, many families are busy with cleaning rooms, preparing special purchases of festival, and making dumplings. On New Year's Eve, all of family members will have New Year's Eve dinner together and watch CCTV programs of Spring Festival. Some Chinese will set off firecrackers and wait for the bell of the Lunar New Year. There are many activities during the Spring Festival, many people might say they are tired after this festival. However, all the Chinese will still be excited to prepare for the next year. Many foreigners now also like celebrating Spring Festival and giving greetings in Chinese with each other, while many other countries and places have listed Spring Festival as one of the public holidays.

语言点 Language Point

1. ……期间

例句：

❖ 春节期间很难订票。
chūn jié qī jiān hěn nán dìng piào

❖ 寒假期间，请留在学校的学生注意安全。
hán jià qī jiān, qǐng liú zài xué xiào de xué shēng zhù yì ān quán

❖ 学生在上学期间要多读书。
xué shēng zài shàng xué qī jiān yào duō dú shū

2. 所有 ＋ 名词

❖ 所有中国人春节都会回家吗？
suǒ yǒu zhōng guó rén chūn jié dōu huì huí jiā ma

❖ 所有同学下周一把作业交给我。
suǒ yǒu tóng xué xià zhōu yī bǎ zuò yè jiāo gěi wǒ

❖ 所有留学生都去体检了。
suǒ yǒu liú xué shēng dōu qù tǐ jiǎn le

3. 大多数 ＋ 名词

例句：

❖ 大多数中国人春节回家。
dà duō shù zhōng guó rén chūn jié huí jiā

❖ 江南的大多数城市雨水很多。
jiāng nán de dà duō shù chéng shì yǔ shuǐ hěn duō

❖ 大多数学生都毕业了。
dà duō shù xué shēng dōu bì yè le

4. 象征着……

例句：

❖ 春节象征着热闹和喜庆。
chūn jié xiàng zhēng zhe rè nào hé xǐ qìng

❖ 在中国，牡丹象征着富贵。
zài zhōng guó, mǔ dān xiàng zhēng zhe fù guì

❖ 金字塔象征着古埃及的文明和历史。

5. 庆祝＋节日

例句：

❖ 我们去北京庆祝国庆节。

❖ 他和家人包饺子庆祝春节。

❖ 老师和留学生们一起庆祝中秋节。

6. 在……前

例句：

❖ 这些肉要在水开前放进锅里。

❖ 人们在春节前回家准备过年。

❖ 请大家在周三前办完手续。

课后练习 Exercise

1. 填空 Fill in the Blanks

鞭炮　春运　重要的　象征着　过　习俗　饺子

(1) 人们会在春节期间放（　　　）。

(2) 春节（　　　）欢乐和喜庆。

(3)（　　　）期间回家非常难订票。

(4)（　　　）年有很多（　　　）。

(5) 除夕大家一起包（　　　）、做年夜饭、看春节晚会。

(6) 春节是中国最（　　　）节日。

2. 短语搭配 Match Phrases

包		过年
做		旅行
放		新年钟声
看		春节晚会
等待		鞭炮
出国		年夜饭
回家		饺子

3. 词语补充 Extra Vocabulary

春节活动 (chūn jié huó dòng) Activities in Spring Festival

贴春联 (tiē chūn lián) pasting couplets of Spring Festival	放鞭炮 (fàng biān pào) set off firecrackers	包饺子 (bāo jiǎo zi) making dumplings	逛庙会 (guàng miào huì) go to the temple fair

❖ 这是春节期间的一种娱乐活动，人们赶到一个地方，非常热闹。请问这是什么活动？

❖ 这是过年期间不可缺少的一种美食，里面有馅，请问这是什么食物？

❖ 这是中国的习俗，尤其小孩子特别喜欢，但要注意安全，请问这是什么习俗？

❖ 春节前，中国人在自己家门口贴寓意吉祥的话，这项活动叫什么？

185

第六单元 传统节日

4. 口语问答 Ask and Answer

❖ 你的国家有几个传统节日？分别是什么？

❖ 在你的国家，最重要的节日是哪一个？在几月几号？

❖ 你们国家最重要的节日，人们一般怎么庆祝？

❖ 你知道春节时人们说的祝福语吗？

第二十二课 清明节

Lesson 22　Qingming Festival

课前问题 Question before the Text

> nǐ de guó jiā yǒu jì sì zǔ xiān de jié rì ma
> 你的国家有祭祀祖先的节日吗？
> Do you have the festival for sacrificing ancestors in your country?

第六单元　传统节日

> nǐ hē guò míng qián chá ma
> 你 喝 过 明 前 茶 吗？
> Have you drunk the tea before Qingming Festival?

词汇与短语 Vocabulary and Phrase

jì sì
祭 祀　sacrifice(v.)

zhuān mén
专 门　special(adj.)

bō zhǒng
播 种　sow(v.)

zhú jiàn
逐 渐　gradually(adv.)

nóng yè
农 业　agriculture(n.)

wèi zhì
位 置　place(n.)

jué dìng
决 定　decide(v.)

shè huì
社 会　society(n.)

zhōu qī
周 期　periodicity(n.)

xiàn xiàng
现 象　phenomenon(n.)

zhì huì
智 慧　wisdom(n.)

huá rén
华 人　Chinese overseas

zǔ xiān
祖 先　ancestor(n.)

biāo zhì
标 志　sign(n.)

zhǐ dǎo
指 导　guide(v.)

lì fǎ
历 法　calendar(n.)

yí dòng
移 动　move(v.)

yùn xíng
运 行　run(v.)

fǎn yìng
反 映　reflect(v.)

zì rán
自 然　nature(n.)

níng jié
凝 结　coagulate(v.)

hàn shuǐ
汗 水　sweat(n.)

qīng míng jié
清 明 节　Qingming Festival

zhǐ
指　refer to

第二十二课 清明节

yán yòng
沿 用 be still in use

dìng lì
订 立 set up

yóu yú
由 于 due to

zhì jīn
至 今 until now

cí táng
祠 堂 ancestral hall

jié qì
节 气 solar terms

常用表达 Expression

qīng míng jié shì zhōng guó chuán tǒng jié rì zhī yī tā zài yuè fèn 清 明 节 是 中 国 传 统 节 日 之 一，它 在 4 月 份。	Qingming Festival is one of the Chinese traditional festivals, and it is in April.
qīng míng jié shì jì sì zǔ xiān de jié rì 清 明 节 是 祭 祀 祖 先 的 节 日。	Qingming Festival is the festival for sacrificing ancestors.
zhōng guó rén wèi zǔ xiān sǎo mù biǎo dá zì jǐ duì zǔ xiān de zūn jìng 中 国 人 为 祖 先 扫 墓，表 达 自 己 对 祖 先 的 尊 敬。	Chinese people sweep the tombs in order to express their respect to their ancestors.
qīng míng shì zhōng guó èr shí sì jié qì zhī yī 清 明 是 中 国 二 十 四 节 气 之 一。	Qingming is one of the Chinese 24 solar terms.
èr shí sì jié qì shì zhōng guó gǔ dài de yī zhǒng zhǐ dǎo nóng shì de lì fǎ 二 十 四 节 气 是 中 国 古 代 的 一 种 指 导 农 事 的 历 法。	The 24 solar terms is a kind of calender to govern the agriculture in ancient China.
měi yī gè jié qì dà yuē tiān 每 一 个 节 气 大 约 15 天。	Each solar term is about 15 days.

189

第六单元　传统节日

èr shí sì jié qì de míng chēng zài hàn yǔ 二十四节气的名称在汉语 zhōng yǒu tè dìng de hán yì 中有特定的含义。	The names of 24 solar terms have special meanings in Chinese.
tā níng jié le zhōng guó gǔ rén de zhì huì 它凝结了中国古人的智慧 hé hàn shuǐ 和汗水。	It combines the wisdom and sweat of the ancient Chinese.

对话 Dialogue

chén míng xiàng ā lǐ jiè shào qīng míng jié
陈明向阿里介绍清明节

ā lǐ chén míng xià zhōu jiù shì qīng 阿里：陈明，下周就是清 míng le suǒ yǐ wǒ men yǒu sān tiān jià 明了，所以我们有三天假 qī duì ma 期，对吗？	Ali：Chen Ming. We are going to have 3 days off because Qingming Festival is coming next week, right?
chén míng shì de qīng míng jié shì zhōng 陈明：是的。清明节是中 guó jì sì zǔ xiān de chuán tǒng jié rì 国祭祀祖先的传统节日。	Chen Ming：Yes. Qingming Festival is a traditional festival for sacrificing ancestors in China.
ā lǐ hěn duō yìn ní huá rén yě yǒu jì 阿里：很多印尼华人也有祭 zǔ de chuán tǒng yǒu xiē jiā tíng yǒu 祖的传统，有些家庭有 zhuān mén de cí táng 专门的祠堂。	Ali：Many Indonesian Chinese also have traditions of sacrificing ancestors, and some families have special ancestral halls.

第二十二课 清明节

陈明：哦！我也听说很多印尼华人保留了中国传统习俗。在中国，人们通常清明节回家乡，为祖先扫墓，表达自己对祖先的尊敬。

Chen Ming: Oh! I also heard that many Indonesian Chinese kept the customs of tradition. In China, Chinese people usually return hometowns for the tomb-sweeping at Qingming Festival in order to express their respect to ancestors.

阿里：清明也是中国二十四节气之一吗？

Ali: Qingming is also one of the 24 solar terms in China, isn't it?

陈明：是的。看来你做了很多功课！清明节在中国南方是播种的标志。从这天开始，白天逐渐变长，天气逐渐变暖，人们感受到春天的到来。

Chen Ming: Yes. You seem to prepare a lot! Qingming Festival is the sign of sowing in the south of China. From this day on, the days get longer and the weather becomes warmer, thus people feel the approach of spring.

短文 Passage

二十四节气

中国的节气指一年的二十四个时节，也代表气

第六单元 传统节日

候变化。二十四节气是中国古代订立的一种指导农事的历法,一直沿用至今。每一个节气大约15天,根据太阳的位置确定。由于中国古代是一个农业社会,农业生产需要了解太阳的运行,所以人们在历法中创造了反映太阳运行周期的二十四节气。

以下为二十四节气的名称:立春、雨水、惊蛰、春分、清明、谷雨、立夏、小满、芒种、夏至、小暑、大暑、立秋、处暑、白露、秋分、寒露、霜降、立冬、小雪、大雪、冬至、小寒、大寒。二十四节气的名称在汉语中有特定含义。有些节气的名字反映了四季的变换,比如"春分""秋分""夏至""冬至";有些节气的名字反映了自然现象,比如"惊蛰"(昆虫被春天的第一声雷惊醒)。二十四节气凝结了中国人的智慧和汗水。

24 Solar Terms

Chinese solar terms refer to 24 time periods with the climate changes in a year. 24 solar terms is a Chinese traditional calendar to govern agricultural arrangements in ancient China and it is still in use even today. Each solar term is about 15 days and it is decided by the position of the sun. Ancient China is an agricultural society in which people need a deep understanding of the movement of the sun, so ancient Chinese created solar terms in the calender reflecting the periodicity of the sun.

> The names of 24 solar terms are Li chun, Yushui, Jingzhe, Chunfen, Qingming, Guyu, Lixia, Xiaoman, Mangzhong, Xiazhi, Xiaoshu, Dashu, Liqiu, Chushu, Bailu, Qiufen, Hanlu, Shuangjiang, Lidong, Xiaoxue, Daxue, Dongzhi, Xiaohan, Dahan. All the solar terms have meaningful titles in Chinese. Some of them reflect the change of seasons such as the beginning of spring(Chunfen), the beginning of summer(Xiazhi), the beginning of autumn(Qiufen), and the beginning of winter(Dongzhi); Some reflect the phenomenon of natural climate such as Jingzhe which means hibernating insects were awaken by the first thunder in spring. 24 solar terms combine the wisdom and sweat of the ancient Chinese.

语言点 Language Point

1. 为 + 某人 + 动词

例句：

❖ 中国人在清明节为祖先扫墓。

❖ 我们为留学生准备了很多活动。

❖ 朋友们为我买了一个蛋糕来庆祝生日。

2. ……之一

❖ 清明是中国二十四节气之一。

❖ 故宫是中国的名胜古迹之一。

❖ 她是通过汉语四级考试的优秀学生之一。

第六单元　传统节日

3. 逐渐 + 动词

例句：

- 天气逐渐变暖了。
- 他的心情逐渐变好了。
- 孩子们逐渐长高了。

4. 由……决定

例句：

- 同学们放假的时间由学校决定。
- 今天要不要去打羽毛球由你决定。
- 节气的时间由太阳移动的位置决定。

5. 以下 + 名词

例句：

- 以下词语都是24节气的名称。
- 以下题目都是这节课的作业。
- 以下生词是大家需要记住的。

6. 从……开始

例句：

- 从今天开始，正式进入夏季。
- 从昨天开始，我就一直不舒服。
- 从上周开始，机票就很难订了。

课后练习 Exercise

1. 填空 Fill in the Blanks

祭祀　尊敬　播种　节气　历法　沿用　反映

(1)清明节是中国人(　　　)祖先的传统节日。
(2)清明是中国24(　　　)之一。
(3)我们通过扫墓来表达对祖先的(　　　)。
(4)24节气是根据太阳位置移动创造的(　　　)，并且一直(　　　)至今。
(5)有些节气的名称(　　　)了自然现象。
(6)清明节是中国南方农业(　　　)的标志。

2. 短语搭配 Match Phrases

指导		祖先
订立		农业
扫		历法
运行		墓
气候		周期
自然		变化
祭祀		现象

3. 词语补充 Extra Vocabulary

qīng míng jié huó dòng
清 明 节 活 动　Activities in Qingming Festival

| hē míng qián chá
喝 明 前 茶
drinking the tea before Qingming | fàng fēng zhēng
放 风 筝
flying a kite | dàng qiū qiān
荡 秋 千
playing on a swing | tà qīng
踏 青
spring outing |

❖ rén men wèi shén me xǐ huān hē míng qián chá
　人 们 为 什 么 喜 欢 喝 明 前 茶？

❖ rén men wèi shén me xuǎn zé zài qīng míng jié wài chū tà
　人 们 为 什 么 选 择 在 清 明 节 外 出 踏

195

第六单元　传统节日

qīng
青 ?

- 你喜欢放风筝、荡秋千吗？
- 你最喜欢清明节的哪一项活动？

为什么？

4. 口语问答 Ask and Answer

- 清明节在哪个月？
- 你知道清明节在哪个季节吗？
- 你的国家有传统历法吗？
- 你知道哪些中国传统节日的美食？

第二十三课　优美的旋律

Lesson 23　Beautiful Melody

课前问题 Question before the Text

➢ 你最喜欢的中文歌曲是哪一首？
nǐ zuì xǐ huān de zhōng wén gē qǔ shì nǎ yī shǒu

Which is your favorite Chinese song?

第六单元　传统节日

> nǐ huì shén me yuè qì
> 你会什么乐器？
> What musical instrument can you play?

词汇与短语 Vocabulary and Phrase

gē
歌　song(n.)

yóu qí
尤其　especially(adv.)

yī bān
一般　average(adj.)

dà gài
大概　general(adj.)

bǐ yù
比喻　metaphor(n.)

qiān xū
谦虚　modest(adj.)

yǎn zòu
演奏　play(v.)

yuè qì
乐器　instrument(n.)

xuán lǜ
旋律　melody(n.)

shuǐ píng
水平　level(n.)

lǐ jiě
理解　comprehend(v.)

tí dào
提到　mention(v.)

nán wàng
难忘　unforgettable(adj.)

kě xī
可惜　unfortunately(adv.)

xián
弦　string(n.)

tuī jiàn
推荐　recommend(v.)

常用表达 Expression

zhè shǒu gē xuán lǜ zhēn měi 这首歌旋律真美！	The song has a perfect melody!
wǒ xǐ huān zhè shǒu gē yóu qí shì gē 我喜欢这首歌，尤其是歌 cí 词。	I like this song especially the lyrics.

第二十三课　优美的旋律

kě xī wǒ de zhōng wén shuǐ píng yī bān, zhǐ néng lǐ jiě dà gài de yì sī 可惜我的中文水平一般，只能理解大概的意思。	Unfortunately my Chinese level is just so so, and I can only comprehend the general idea.
gē cí "nà xiē huā ér" yòng lái bǐ yù guò qù de péng you 歌词"那些花儿"用来比喻过去的朋友。	The lyric "those flowers" is used as a metaphor for old friends.
nǐ tài qiān xū le 你太谦虚了！	You are too modest!
zhè shǒu gē jiù xiàng wǒ de lǎo péng yǒu yī yàng 这首歌就像我的老朋友一样。	This song is just like my old friend.
gē cí lǐ miàn tí dào hěn duō huā ma 歌词里面提到很多花吗？	Does the lyric mention many flowers?
zhè gè fāng fǎ hěn hǎo yòng 这个方法很好用！	This method is very useful.

对话 A　Dialogue A

yuē hàn tīng zhōng wén gē
约翰听中文歌

mǎ lì: yuē hàn. nǐ zài tīng shén me gē? xuán lǜ zhēn měi 玛丽：约翰。你在听什么歌？旋律真美！	Mary: John. What are you listening? So beautiful melody!

第六单元 传统节日

约翰：这是一首中文歌，叫"那些花儿"。我很喜欢这首歌，尤其是歌词。可惜我的中文水平一般，只能理解大概的意思。	John: This is a Chinese song named "Those Flowers". I like this song especially the lyrics. Unfortunately, my Chinese level is fair, and I can only comprehend the general idea.
玛丽：这首歌里面提到很多种花吗？	Mary: Does this song mention many kinds of flowers?
约翰：我认为歌词里"那些花儿"用来比喻美好的往事和过去的朋友。每个人的生活中都有难忘的经历。	John: I think the lyric "those flowers" is used to describe good past events and old friends. Everyone has some unforgettable experiences in their lives.
玛丽：是的，就像我们在中国的留学生活。约翰，你说自己的中文水平一般，太谦虚了！	Mary: Yes. Just like our studying experience in China. John, You say that your Chinese level is just so so, but you are too modest!
约翰：哪里！哪里！我就喜欢用中文歌学中文。这个方法很好用。	John: It's nothing. I just like studying Chinese by learning Chinese songs. This method is very useful.

第二十三课　优美的旋律

对话B　Dialogue B

约翰了解中国乐器

约翰：陈明，你在听什么？

陈明：这是一首古筝演奏的乐曲。古筝是一种中国传统乐器，一般由21根弦组成。你见过吗？

约翰：我在学校晚会上见过古筝表演。

陈明：约翰，你还知道其他的中国传统乐器吗？

约翰：我知道一种叫琵琶的乐器。它的演奏方法看起来和英国的竖琴有点像。

陈明：我也见过竖琴。你能给我推荐一首竖琴演奏的乐曲吗？

约翰：当然可以！

John: Chen Ming. What are you listening?

Chen Ming: It's a piece of music played with Gu Zheng, which is a kind of Chinese traditional musical instrument generally with 21 strings. Have you ever seen it before?

John: I have seen the performance of Gu Zheng at the school party.

Chen Ming: John. Do you know any other Chinese traditional musical instruments?

John: I know the musical instrument called Pi Pa. The playing method of it looks a bit like that of the British harp.

Chen Ming: I also have seen the harp before. Would you please recommend me a piece of music played by a harp?

John: Of course!

第六单元　传统节日

语言点 Language Point

1. 首

例句：

❖ 这是一首中文歌。

❖ 我喜欢这首歌的歌词。

❖ 你最喜欢哪一首歌？

2. 尤其是……

❖ 约翰很喜欢这首歌，尤其是歌词。

❖ 我喜欢春天的花，尤其是杜鹃花。

❖ 她喜欢学语言，尤其是汉语。

3. 可惜

例句：

❖ 这首中文歌真好听，可惜我的汉语水平只能理解大概意思。

❖ 这些鲜花真漂亮，可惜开得时间短。

❖ 北京有很多值得玩的地方，可惜我只有两天假期。

4. ……用来比喻……

例句：

❖ 歌词里"那些花儿"用来比喻美好的往

shì
事。

- 诗歌中的"松树"用来比喻战士。
- 故事中的"龙"用来比喻有权利的人。

5. 就像……

例句：

- 老师有时就像妈妈一样。
- 天空中的星星就像萤火虫一样。
- 太阳就像一个巨大的火球,带来无尽热量。

6. ……很好用

例句：

- 这个方法很好用。
- 这把剪刀很好用。
- 这只笔很好用。

课后练习 Exercise

1. 填空 Fill in the Blanks

想起　旋律　尤其　提到　首　比喻　理解

(1) 你能完全（　　）这（　　）歌的意思吗？
(2) 歌词的花儿用来（　　）美好的往事。
(3) 这个公园你来过,现在（　　）来了吗？
(4) 故事里（　　）这个人很多次了。
(5) 这首中文歌的（　　）真美！

第六单元　传统节日

(6)我喜欢这个电影,(　　　)是电影的音乐。

2. 词语排序 Put the Words in the Right Order

(1)能　你　跟着　跳舞　旋律　吗？

(2)语言　学　看电影　的　方法　好　也是。

(3)笔　这　好用　很　只。

(4)蝴蝶　花　一样　就像　这只。

(5)想　坐飞机　我　可惜　卖完了　机票。

(6)太难　文章　我　所以　大概的　意思　理解　只能。

3. 词语补充 Extra Vocabulary

中国的花 Chinese Flowers
zhōng guó de huā

méi huā	mǔ dān huā	hé huā	dù juān huā	jú huā
梅花	牡丹花	荷花	杜鹃花	菊花
plum blossom	peony	lotus	azalea	chrysanthemum

❖ 什么花春天开放？什么花冬天开放？
shén me huā chūn tiān kāi fàng　shén me huā dōng tiān kāi fàng

❖ 什么花长在水里？
shén me huā zhǎng zài shuǐ lǐ

❖ 什么花常被用来悼念过世的人？
shén me huā cháng bèi yòng lái dào niàn guò shì de rén

❖ 你最喜欢什么颜色的花？
nǐ zuì xǐ huān shén me yán sè de huā

4. 口语问答 Ask and Answer

❖ 你喜欢哪首中文歌曲？你会唱吗？
nǐ xǐ huān nǎ shǒu zhōng wén gē qǔ　nǐ huì chàng ma

❖ 你觉得听中文歌可以帮助你学习
nǐ jué de tīng zhōng wén gē kě yǐ bāng zhù nǐ xué xí

第二十三课　优美的旋律

汉语吗？

❖ 在你们国家，你最喜欢什么花？为什么？

❖ 你最喜欢中国的什么花？为什么？

第六单元　传统节日

第二十四课　快乐的事

Lesson 24　Happy Things

课前问题 Question before the Text

> zài zhōng guó shēng huó, nǐ zuì kuài lè de shì shì shén me
> 在 中 国 生 活，你 最 快 乐 的 事 是 什 么？
> What's the happiest thing you have experienced in China?

第二十四课 快乐的事

> nǐ zài zhōng guó xué xí qī jiān yǒu hěn duō péng you ma
> 你 在 中 国 学 习 期 间 有 很 多 朋 友 吗？
> Do you have many friends during studying in China?

词汇与短语 Vocabulary and Phrase

xué qī
学 期　semester(n.)

kuài lè
快 乐　happy(adj.)

fā yán
发 言　speak(v.)

jiǎn dāo
剪 刀　scissors(n.)

xióng māo
熊 猫　panda(n.)

jīng cǎi
精 彩　wonderful(adj.)

zhú zi
竹 子　bamboo(n.)

jiāo ào
骄 傲　proud(adj.)

fēn xiǎng
分 享　share(v.)

wèi dào
味 道　flavor(n.)

shì qíng
事 情　thing(n.)

jiǎn zhǐ
剪 纸　paper cutting

shéi
谁　who(pron.)

tiáo liào
调 料　seasoning(n.)

dòng wù yuán
动 物 园　zoo(n.)

zhǔ
煮　boil(v.)

xīn wèi
欣 慰　gratified(adj.)

jìn bù
进 步　progress(n.)

liú lì
流 利　fluently(adv.)

chā yì
差 异　difference(n.)

gù shì
故 事　story(n.)

zuì hòu
最 后　last(adj.)

liáo yī liáo
聊 一 聊　chat about

jiǎo zi xiàn
饺 子 馅　dumpling stuffing

207

第六单元 传统节日

gǎn miàn zhàng
擀面杖 rolling pin

kè dāo
刻刀 nicking tool

shēng xiào
生肖 zodiac

常用表达 Expression

jīn tiān shì zhè xué qī de zuì hòu yī jié 今天是这学期的最后一节 hàn yǔ kè 汉语课。	It is the last Chinese class of this semester today.
xué xí jiǎn zhǐ shì wǒ zuì kuài lè de shì 学习剪纸是我最快乐的事。	Learning paper cutting is my happiest thing.
nǐ de fā yán fēi cháng jīng cǎi 你的发言非常精彩!	Your speech is very wonderful!
huì shū xiě hàn zì ràng wǒ jué de hěn jiāo 会书写汉字让我觉得很骄 ào 傲。	Writing Chinese makes me feel very proud.
wǒ hé péng yǒu yī biān chī yī biān liáo 我和朋友一边吃,一边聊 tiān 天。	I am having dinner while chatting with my friends.
fēn xiǎng měi shí hé shēng huó zhōng de 分享美食和生活中的 gù shì zǒng shì ràng wǒ wàng jì yǔ yán 故事总是让我忘记语言 hé wén huà de chā yì 和文化的差异。	Sharing the delicious food and life stories always makes me forget the differences in language and cultural.

第二十四课 快乐的事

对话 Dialogue

zuì hòu yī jié hàn yǔ kè
最后一节汉语课

zhāng lǎo shī：tóng xué men，jīn tiān shì zhè xué qī de zuì hòu yī jié hàn yǔ kè。wǒ men liáo yī liáo nǐ zài zhōng guó shēng huó de kuài lè shì。shéi xiān fā yán？ 张老师：同学们，今天是这学期的最后一节汉语课。我们聊一聊你在中国生活的快乐事。谁先发言？	Mrs Zhang：Everyone. It is the last Chinese class of this semester today. We will talk about the happiest thing when you live in China. Who would like to speak first?
yuē hàn：zhāng lǎo shī，wǒ xiān shuō ba。xué xí jiǎn zhǐ shì wǒ zuì kuài lè de shì。zài lǎo shī de bāng zhù xià，wǒ yòng kè dāo hé jiǎn zi zài hóng zhǐ shàng jiǎn chū zì jǐ de shēng xiāo dòng wù——lóng。 约翰：张老师，我先说吧。学习剪纸是我最快乐的事。在老师的帮助下，我用刻刀和剪子在红纸上剪出自己的生肖动物——龙。	John：Mrs Zhang. I'd like to speak first. Learning paper cutting is my happiest thing. With the help of my teacher, I use a nicking tool and a scissor to cut out my Chinese zodiac: dragon.
mǎ lì：zhāng lǎo shī，bāo jiǎo zi ràng wǒ jué de hěn kuài lè。wǒ yǐ qián bù huì zuò fàn，shèn zhì bù zhī dào zěn me yòng gǎn miàn zhàng。xiàn zài wǒ huì gǎn miàn pí、zuò xiàn、zhǔ jiǎo zi。chī zì jǐ bāo de jiǎo zi wǒ hěn kāi xīn。 玛丽：张老师，包饺子让我觉得很快乐。我以前不会做饭，甚至不知道怎么用擀面杖。现在我会擀面皮、做馅、煮饺子。吃自己包的饺子我很开心。	Mary：Mrs Zhang. Making dumplings made me feel very happy. I was not able to cook before, and even didn't know how to use the rolling pin. Now I can roll the dough into pieces, make the stuffing and boil the dumplings. I felt very happy to have the dumplings that I made.

第六单元 传统节日

雷纳夫：张老师，我最快乐的事是去动物园看大熊猫。可爱的大熊猫喜欢吃竹子。	Ranulph: My happiest thing is to see the panda in the zoo. Lovely pandas like eating bamboos.
阿里：张老师，我最快乐的事是和中国朋友一起堆雪人。我的国家没有冬天，那是我第一次看到雪。	Ali: Mrs Zhang. My happiest thing is to make a snowman with Chinese friends. There is no winter in my country, and it was my first time to see the snow.
张老师：同学们的发言都非常精彩！我很欣慰看到大家汉语学习的进步。希望同学们认真复习，期末考试取得好成绩。	Mrs Zhang: All your speeches are wonderful! I am very gratified to see your progress in Chinese learning. I hope that you will review seriously and get good scores in your final examinations.

作文 Composition

生活中快乐的事

我是一名来自马来西亚的留学生，今年二十岁。

第二十四课　快乐的事

我在中国学习汉语已经一年，可以比较流利地书写汉字了，这一点让我觉得很骄傲。我交了很多中国朋友，和他们一起吃火锅是我最快乐的事。火锅的调料很辣，而我非常喜欢辣。除了火锅的味道，我还喜欢和朋友一边吃，一边聊天的感觉。分享美食和生活中的故事总是让我忘记语言和文化的差异。我喜欢中国的火锅，更喜欢和中国朋友一起吃火锅。

语言点 Language Point

1. 最后……

例句：

- ❖ 这是这学期的最后一节汉语课。
- ❖ 我喜欢最后一首歌。
- ❖ 你知道最后一句话的意思吗？

2. 聊一聊……

- ❖ 约翰想和我聊一聊中国的乐器。
- ❖ 我们聊一聊你的生活吧。
- ❖ 她想聊一聊自己的汉语学习。

211

第六单元 传统节日

3. ……是 + 某人 + 最快乐的事

例句：

❖ 和朋友一起吃火锅是阿里最快乐的事。

❖ 去动物园看大熊猫是雷纳夫最快乐的事。

❖ 看到同学们的进步是老师最快乐的事。

4. 让我 + 动词……

例句：

❖ 这个故事让我记住了很多汉语生词。

❖ 这次活动让我学会了包饺子。

❖ 和中国同学一起玩让我忘记自己是留学生。

5. 除了……

例句：

❖ 除了菜的味道，我还喜欢吃饭的氛围。

❖ 除了糖醋鲤鱼，我还喜欢吃上海的小笼包。

❖ 除了玛丽，雷纳夫和约翰也去了动物园。

6. 一边……一边……

例句：

❖ 我一边吃饭，一边看电视。

第二十四课 快乐的事

❖ 大家一边喝饮料,一边聊天。
❖ 这位歌手一边唱歌,一边弹吉他。

7. 在……的帮助下

例句:

❖ 在老师的帮助下,我的汉语进步很快。
❖ 在你的帮助下,我学会了包饺子。
❖ 在大家的帮助下,我适应了中国的校园生活。

课后练习 Exercise

1. 填空 Fill in the Blanks

最后　进步　煮　熊猫　味道　分享

(1) 我喜欢和中国朋友(　　　)我生活中的故事。
(2) 中国菜的(　　　)让我很难忘。
(3) 我学会了(　　　)饺子。
(4) 老师看到同学们的(　　　),感到非常开心。
(5) 玛丽在动物园看到一只可爱的(　　　)。
(6) 这是这学期(　　　)一节汉语课。

2. 词语排序 Put the Words in the Right Order

(1) 聊一聊　生活的　时刻　快乐　我们。
(2) 味道　火锅　的　辣　很。
(3) 会　学　我　了　擀面皮。
(4) 剪纸　学习　我　是　快乐的　最　事。
(5) 竹子　可爱的　吃　喜欢　大熊猫。
(6) 一边　聊天　喝茶　和　朋友　我　一边。

第六单元 传统节日

3. 补充词语 Extra Vocabulary

中国的十二生肖 (zhōng guó de shí èr shēng xiào) Chinese Zodiac

shǔ 鼠 rat	niú 牛 ox	hǔ 虎 tiger	tù 兔 rabbit	lóng 龙 dragon	shé 蛇 snake
mǎ 马 horse	yáng 羊 goat	hóu 猴 monkey	jī 鸡 rooster	gǒu 狗 dog	zhū 猪 pig

❖ 你的生肖是什么？

❖ 十二生肖中哪个动物是人们想象出来的？

❖ 今年是什么年？

❖ 你最喜欢十二生肖中的哪个动物？

4. 口语问答 Ask and Answer

❖ 你学汉语多久了？

❖ 你觉得文化背景对语言学习重要吗？

❖ 在中国的学习生活中，你最开心的事情是什么？

❖ 你会用汉语写日记吗？

附录 A 汉语拼音表

声母 Initials	第一组 the first group	b p m f d t n l g k h
	第二组 the second group	j q x
	第三组 the third group	zh ch sh r z c s
	第四组 the fourth group	y w
韵母 Finals	单韵母 single final	a o e i u ü
	a	ai ao an ang
	o	ou ong
	e	ei er en eng
	i	ia ie iu in iao ian ing iang iong
	u	ua ui uo un uai uan uang
	ü	üe ün üan
整体认读音阶 Whole syllables	第一组 the first group	zhi chi shi ri zi ci si yi wu
	第二组 the second group	yu（ü） ye（ie）
	第三组 the third group	yue（üe） yin（in） yun（ün） yuan（üan） ying（ing）

附录 B　词汇与短语

第一课　到达机场

行程 journey(*n.*)　　目的 purpose(*n.*)　　什么 what(*pron.*)　　学校 school(*n.*)
哪里 where(*adv.*)　　很 very(*adv.*)　　高兴 happy(*adj.*)　　认识 know(*v.*)
大巴车 bus(*n.*)　　去 go(*v.*)　　跟着 follow(*v.*)　　也 too(*adv.*)
是 be(*v.*)　　就 as soon as(*adv.*)　　住 live(*v.*)　　汉语 Chinese(*n.*)
欢迎 welcome(*v.*)　　来 come(*v.*)　　老师 teacher(*n.*)　　机场 airport(*n.*)
前面 ahead(*adv.*)　　留学生 international student　　验关 customs inspection
旅途愉快！Enjoy your trip!　　你好！Hello!

第二课　超市购物

经常 usually(*adv.*)　　想 to want(*v.*)　　楼上 upstairs(*n.*)　　牛肉 beef(*n.*)
买 buy(*v.*)　　水果 fruit(*n.*)　　和 and(*conj.*)　　一共 totally(*adv.*)
结账 to pay(*v.*)　　钱 money(*n.*)　　需要 to need(*v.*)　　每 every(*adj.*)
可以 may(*v.*)　　　　　　　　　　元(块)the standard unit of money in China
角(毛)the standard unit of money in China　　信用卡 credit card
上楼 go upstairs　　　　多少 how much（many）　　塑料袋 plastic bag
购物车 shopping cart　　打扰一下！Excuse me!

第三课　使用微信

有 have(*v.*)　　微信 WeChat(*n.*)　　会 can(*v.*)　　用 use(*v.*)

教 teach(*v.*)	非常 very(*adv.*)	先 first(*adv.*)	下载 download(*v.*)
支付 pay(*v.*)	好 good(*adj.*)	虽然 though(*conj.*)	但是 but(*conj.*)
喜欢 like(*v.*)	聊天 chat(*v.*)	汉语 Chinese(*n.*)	方便 convenient(*adj.*)
能 be able to	怎么用 how to use	扫码 swipe the code	

第四课　买手机卡

手机 cellphone(*n.*)	卡 card(*n.*)	附近 near(*prep.*)	要 want(*v.*)
忘记 forget(*v.*)	带 take(*v.*)	护照 passport(*n.*)	买 buy(*v.*)
月 month(*n.*)	分别 respectively(*adv.*)		一种 a kind of
哪一个 which one	中国移动 China Mobile		营业厅 business hall
国际长途 international call	月租 monthly payment		

第五课　在汉语教室

知道 know(*v.*)	教室 classroom(*n.*)	号码 number(*n.*)	北 north(*n.*)
喜欢 like(*v.*)	很多 many(*n.*)	椅子 chair(*n.*)	里面 inside(*prep.*)
漂亮 beautiful(*adj.*)	桌子 desk(*n.*)	遇见 meet(*v.*)	非常 very(*adv.*)
新的 new(*adj.*)	同学 classmate(*n.*)	确实 indeed(*adv.*)	条件 condition(*n.*)
上课 to have classes	来自 come from	汉语课 Chinese class	中式 Chinese-style

第六课　在食堂

中午 noon(*n.*)	吃 eat(*v.*)	饭 meal(*n.*)	食堂 catten(*n.*)
猪肉 pork(*n.*)	碗 bowl(*n.*)	拉面 hand-pulled noodles(*n.*)	
牛肉 beef(*n.*)	香菜 coriander(*n.*)	加 add(*v.*)	多 more(*adv.*)
辣 spicy(*adj.*)	等 wait(*v.*)	鸡蛋 egg(*n.*)	着急 worried(*adj.*)
还 still(*adv.*)	愿意 be willing to	排队 queue up	中餐 Chinese food

第七课　在图书馆

借 borrow(*v.*)　　　书 book(*n.*)　　　图书馆 library(*n.*)　　　方面 aspect(*n.*)
学习 learning(*n.*)　　有 have(*v.*)　　　查 look up(*v.*)　　　　找 look for(*v.*)
楼 floor(*n.*)　　　　时间 time(*n.*)　　规定的 specified(*adj.*)　　之内 within(*prep.*)
还 return(*v.*)　　　从 from(*prep.*)　　问 ask(*v.*)　　　　　　　读书 read a book
多长 how long　　　 上网 on line

第八课　在操场

打 play(*v.*)　　　　羽毛球 badminton(*n.*)　　乒乓球 Ping Pang(*n.*)　　篮球 basketball(*n.*)
今天 today(*n.*)　　　天气 weather(*n.*)　　　　一些 some(*pron.*)　　　　球拍 racket(*n.*)
练习 practice(*v.*)　　走 walk(*v.*)　　　　　　精彩 wonderful(*adj.*)　　加入 join(*v.*)
一起 together(*adv.*)　准备 prepare(*v.*)　　　　表演 performance(*n.*)　　做 do(*v.*)
可是 but(*conj.*)　　　什么 what(*pron.*)　　　　上周 last week　　　　　舞龙 dragon dance
锻炼、运动 take exercises

第九课　汉语的声调

问 ask(*v.*)　　　　　　　发音 pronunciation(*n.*)　　问题 question(*n.*)　　声调 tone(*n.*)
说话 speak(*v.*)　　　　　阅读 read(*v.*)　　　　　　听 listen(*v.*)　　　　区分 distinguish(*v.*)
错 wrong(*adj.*)　　　　　却 but(*conj.*)　　　　　　句子 sentence(*n.*)　　吻 kiss(*v.*)
尴尬 embarrassed(*adj.*)　好像 seem that　　　　　　有时 sometimes　　　　医务室 school clinic(*n.*)
生病 be sick　　　　　　　比如 for example　　　　　原来 turn out that

第十课　汉字的意思

汉字 Chinese characters(*n.*)　　　　意思 meaning(*n.*)　　　　查 look up(*v.*)

字典 dictionary(n.)　　有趣 interesting(adj.)　　开 open(v.)　　门 door(n.)
不同 different(adj.)　　表达 expression(n.)　　变成 become(v.)　　笑话 joke(n.)
例子 example(n.)　　商店 store(n.)　　水果 fruit(n.)　　榴莲 durian(n.)
杧果 mango(n.)　　葡萄 grape(n.)　　零钱 change(n.)　　给 give(v.)
卖 sell(v.)　　觉得 feel(v.)　　为什么 why(adv.)　　缺 lack(v.)
开水 boiling water　　举个例子 for example

第十一课　谈日期

天 day(n.)　　表达 express(v.)　　日期 ate(n.)　　知道 know(v.)
今天 today(n.)　　明天 tomorrow(n.)　　生日 birthday(n.)　　为 for(prep.)
庆祝 celebrate(v.)　　主意 idea(n.)　　节日 festival(n.)　　蛋糕 cake(n.)
家 home(n.)　　礼物 gift(n.)　　谈 talk about　　国庆节 National Day
没想到 not expect　　同一天 the same day　　生日快乐！Happy birthday!

第十二课　谈天气

冷 cold(adj.)　　真 really(adv.)　　天气 weather(n.)　　预报 forecast(n.)
气温 temperature(n.)　　摄氏度 centigrade(n.)　　下雨 rain(v.)　　低 low(adj.)
下雪 snow(v.)　　平均 average(adj.)　　经历 experience(v.)　　房间 room(n.)
外面 outside(n.)　　暖气 heating(n.)　　温暖 warm(adj.)　　干燥 dry(adj.)
冬天 winter(n.)　　现在 now(adv.)　　以前 before(adv.)　　升温 temperature rise
第一次 the first time　　堆雪人 make a snowman　　零下 below zero

第十三课　在理发店

理发店 barbershop(n.)　　忙 busy(adj.)　　剪 cut(v.)　　头发 hair(n.)
发型 hairstyle(n.)　　大约 about(prep.)　　介意 mind(v.)　　短 short(adj.)

洗 wash(v.)	眼镜 glasses(n.)	修(剪)trim(v.)	染 dye(v.)
颜色 color(n.)	黑色 black(n.)	太 too(adv.)	设计 design(v.)
别 do not	剪头发 have one's hair cut		摘眼镜 take off glasses
另外 in addition	洗头 wash one's hair		稍微 a little

第十四课　在医院

疼 ache(v.)	厉害 seriously(adv.)	药 medicine(n.)	舒服 comfortable(adj.)
医院 hospital(n.)	检查 check-up(n.)	马上 immediately(adv.)	计算机 computer(n.)
系统 system(n.)	工作 work(n.)	人员 staff(n.)	上午 a.m.(n.)
吐 vomit(v.)	次 time(n.)	发烧 fever(n.)	体温 temperature(n.)
量 measure(v.)	取 get(v.)	报告 report(n.)	最后 finally(adv.)
登录 log in	请假 ask for leave	最好 had better	
挂号处 registration office		验血 blood test	

第十五课　在银行

办理 handle(v.)	业务 business(n.)	银行 bank(n.)	英镑 pound(n.)
现金 cash(n.)	换 change(v.)	存 deposit(v.)	窗口 window(n.)
给 give(v.)	用 use(v.)	到 arrive(v.)	剩下的 the rest of
填写 fill in	兑换单 Exchange Form		汇率 exchange rate
收好 keep something well		换成 change into	银行卡 bank card

第十六课　在朋友家

家 home(n.)	玩 play(v.)	公寓 apartment(n.)	走路 walk(v.)
方便 convenient(adj.)	贵 expensive(adj.)	宽敞 spacious(adj.)	朝 face(v.)
南 south(n.)	北 north(n.)	电脑 computer(n.)	咖啡 coffee(n.)

可乐 coke(n.) 　　　干净 clean(adj.) 　　　装修 decoration(n.) 　　　洗手间 bathroom(n.)
书房 study(n.) 　　　卧室 bedroom(n.) 　　　厨房 kitchen(n.) 　　　衣柜 wardrobe(n.)
客厅 living room 　　　地铁站 subway station 　　　搬家 move house

第十七课　坐飞机

计划 plan(v.) 　　　旅行 travel(v.) 　　　订 book(v.) 　　　出发 leave(v.)
快 fast(adv.) 　　　联系 contact(v.) 　　　选 select(v.) 　　　座位 seat(n.)
窗 window(n.) 　　　航班 flight(n.) 　　　柜台 counter(n.) 　　　以内 within(prep.)
行李 luggage(n.) 　　　做客 visit(v.) 　　　免费 free(adj.) 　　　直接 directly(adv.)
放假 have holidays 　　　头等舱 first class 　　　登机牌 boarding card 　　　机票 flight ticket
经济舱 economy class 　　　托运行李 check-in luggage 　　　值机 check in
改签 change the flight

第十八课　预订酒店

酒店 hotel(n.) 　　　服务 service(n.) 　　　预订 book(v.) 　　　考虑 consider(v.)
已经 already(adv.) 　　　号 number(n.) 　　　一样 same(adj.) 　　　价格 price(n.)
满 full(adj.) 　　　提供 provide(v.) 　　　钥匙 key(n.) 　　　早餐 breakfast(n.)
拨打 call(v.) 　　　餐厅 cafeteria(n.) 　　　什么时候 when(adv.) 　　　双人间 double room
能否 whether or not 　　　单人间 single room 　　　入住 check in 　　　欢迎光临！Welcome!

第十九课　游览北京

导游 guide(n.) 　　　游客 tourist(n.) 　　　朝代 dynasty(n.) 　　　宫殿 palace(n.)
建筑 building(n.) 　　　精华 essence(n.) 　　　面积 area(n.) 　　　规模 scale(n.)
保存 reserve(v.) 　　　完整 complete(adj.) 　　　木质 wood(n.) 　　　结构 structure(n.)
之后 after(prep.) 　　　万 ten thousands(n.) 　　　政府 government(n.) 　　　官方 official(adj.)

名称 name(n.)　　　　皇帝 emperor(n.)　　　　百姓 common people(n.)
靠近 approach(v.)　　禁止 pronibition(n.)　　宏伟 magnificent(adj.)　　古代 ancient times
平方米 square meter　　　　紫禁城 Forbidden City　　　　故宫 Imperial Palace

第二十课　游览上海

毕业 graduate(v.)　　大都市 metropolis(n.)　　历史 history(n.)　　文化 culture(n.)
风格 style(n.)　　氛围 atmosphere(n.)　　外国 foreign(adj.)　　推荐 recommend(v.)
希腊 Greek(n.)　　欧洲 Europe(n.)　　海关 customs(n.)　　顶 top(n.)
灯 light(n.)　　做菜 cook(v.)　　鲤鱼 carp(n.)　　商人 business man
出生 be born　　　　　　　　　　西方风格 western-style
办公大楼 office building　　　　糖醋 sweet and sour

第二十一课　春节

期间 period(n.)　　难 difficult(adj.)　　所有 all(adj.)　　节日 festival(n.)
习俗 custom(n.)　　避开 avoid(v.)　　接下来 next(adv.)　　传统 traditional(adj.)
团圆 reunion(n.)　　饺子 dumpling(n.)　　重要 important(adj.)　　鞭炮 firecracker(n.)
钟 clock(n.)　　活动 activity(n.)　　依然 still(adv.)　　兴奋 excited(adj.)
公共 public(adj.)　　城市 city(n.)　　春节 Spring Festival　　春运 Spring Rush
出国 go aboard　　农历 lunar calender　　晚会 evening party　　列为 be listed as
相互 each other　　放寒假 winter vacation　　过春节 celebrate Spring Festival

第二十二课　清明节

祭祀 worship(n.)　　祖先 ancestor(n.)　　专门 special(adj.)　　标志 sign(n.)
播种 sow(v.)　　指导 guide(v.)　　逐渐 gradually(adv.)　　历法 calendar(n.)
农业 agriculture(n.)　　移动 move(v.)　　位置 place(n.)　　运行 run(v.)

222

决定 decide(v.)　　　反映 reflect(v.)　　　社会 society(n.)　　　自然 nature(n.)
周期 periodicity(n.)　　凝结 coagulate(v.)　　现象 phenomenon(n.)　　汗水 sweat(n.)
智慧 wisdom(n.)　　　　清明节 Qingming Festival　　华人 Chinese overseas
指 refer to　　　　　　沿用 be still in use　　订立 set up　　　　　由于 due to
至今 until now　　　　　祠堂 ancestral hall　　节气 solar terms

第二十三课　优美的旋律

歌 song(n.)　　　　　　旋律 melody(n.)　　　尤其 especially(adv.)　水平 level(n.)
一般 general(adj.)　　　理解 to comprehend(v.)　大概 general(adj.)　　提到 to mention(v.)
比喻 metaphor(n.)　　　难忘 unforgettable(adj.)　谦虚 modest(adj.)　　可惜 unfortunately(adv.)
笑声 Laughter(n.)　　　　角落 corner(n.)　　　　曾经 once(adv.)　　永远 forever(adv.)
离去 to leave(v.)　　　　往事 the past　　　　听歌 listen to a song　就像 just like
天涯 the corner of the world　　　　　　　　　想起 remind of

第二十四课　快乐的事

学期 semester(n.)　　　谁 who(pron.)　　　　快乐 happy(adj.)　　　调料 seasoning(n.)
发言 speak(v.)　　　　　动物园 zoo(n.)　　　　剪刀 scissors(n.)　　　煮 boil(v.)
熊猫 panda(n.)　　　　　欣慰 gratified(adj.)　　精彩 wonderful(adj.)　进步 progress(n.)
竹子 bamboo(n.)　　　　流利 fluently(adv.)　　骄傲 proud(adj.)　　　差异 difference(n.)
分享 share(v.)　　　　　故事 story(n.)　　　　味道 flavor(n.)　　　最后 last(adj.)
事情 thing(n.)　　　　　聊一聊 chat about　　剪纸 paper cutting
饺子馅儿 stuffing for dumpling　　　　　　擀面杖 rolling pin　　刻刀 nicking tool
生肖 zodiac

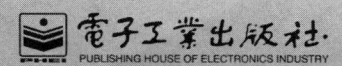